Roland Lapschieß
Ralf Lembke

Praxishandbuch Qualitätsmanagement

Änderungen und Anforderungen der DIN EN ISO 9001:2015

UNSER WISSEN
FÜR IHREN ERFOLG

Bibliografische Information der Deutschen Bibliothek

Die Deutsche Bibliothek verzeichnet diese Publikation in der Deutschen Nationalbibliografie; detaillierte bibliografische Daten sind im Internet über http://dnb.ddb.de abrufbar.

© by

FORUM VERLAG
HERKERT GMBH
Postfach 13 40
86408 Mering

FORUM

Tel.: 08233/381-123
Fax: 08233/381-222
E-Mail: service@forum-verlag.com
Internet: www.forum-verlag.com

Dieses Verlagserzeugnis wurde nach bestem Wissen nach dem aktuellen Stand von Recht, Wissenschaft und Technik zum Druckzeitpunkt erstellt. Gegenüber den Autoren, Programmierern und dem Verlag begründet dieses Erzeugnis keine Auskunfts- oder Beratungspflicht und auch keine anderweitige Bindungswirkung. Die individuellen Gegebenheiten jedes Einzelfalls gebieten es, dass keine Gewähr für Verbindlichkeit und Vollständigkeit der in diesem Erzeugnis (inklusive Portal, Software, Arbeitshilfen) enthaltenen Darstellungen und Aussagen gegeben werden kann.
Der Verlag übernimmt keine Gewähr für Druckfehler und inhaltliche Fehler.

Alle Rechte vorbehalten.
Nachdruck und Vervielfältigung – auch auszugsweise – nicht gestattet.
Satz: mediaTEXT Jena GmbH, 07747 Jena
Druck: Offsetdruckerei Pohland, 86165 Augsburg

Umschlaggestaltung:

Maria Reichenauer gutegrafik feinefotos

Abbildung Umschlag: © mark.f – fotolia.com; © Amgun – fotolia.com

Printed in Germany 2016

Angaben ohne Gewähr

ISBN: 978-3-86586-667-7

Vorwort

Die Norm DIN EN ISO 9001 wird in allen Branchen weltweit von über einer Million Organisationen zum Aufbau und zur Weiterentwicklung von Qualitätsmanagementsystemen genutzt. Zertifizierte Organisationen müssen die Anforderungen der DIN EN ISO 9001:2015 bis September 2018 umsetzen, sofern sie ihr Zertifikat aufrechterhalten möchten.

Die neue DIN EN ISO 9001:2015 fordert die oberste Leitung der Organisation auf, sich mit der strategischen Ausrichtung ihrer Organisation zu befassen. Dazu gehören die Analyse der eigenen Stärken und Schwächen sowie die Betrachtung von Risiken und Chancen im Umfeld der Organisation. Neben den Kundenanforderungen müssen jetzt auch die Erwartungen relevanter interessierter Parteien beachtet werden. Die oberste Leitung soll zukünftig eine aktive Rolle übernehmen, indem sie die Prozessorientierung und das risikobasierte Denken in der Organisation fördert.

Obwohl die Benennung eines Beauftragten der obersten Leitung nicht mehr gefordert ist, können die operativen Aufgaben des Qualitätsmanagements weiterhin delegiert werden. Die Verantwortung Qualitätsmanagementsystem liegt bei der obersten Leitung und kann nicht delegiert werden.

Dieses Fachbuch thematisiert die neuen Normanforderungen und weist auf alle relevanten Änderungen hin. Eine detaillierte Gegenüberstellung zeigt die Unterschiede zur bisherigen Norm und erleichtert dem Leser damit die Umstellung seines QM-Systems. Zusätzlich werden die Normanforderungen ausführlich kommentiert.

Den Grundlagen des Qualitätsmanagements ist ein eigenes Kapitel gewidmet, das auch einen Abschnitt zum Thema Umgang mit Risiken enthält. Der Ansatz des risikobasierten Denkens fordert die Organisationen dazu auf, bei allen Aktivitäten mögliche Risiken in Betracht zu ziehen. Ein weiteres neues Thema, dessen Bedeutung noch unterschätzt wird, ist die Bewahrung und Erweiterung des Wissens der Organisationen.

Das letzte Kapitel befasst sich eingehend mit der Planung, Durchführung und Nachbereitung von Audits sowie mit dem Ablauf des Zertifizierungsverfahrens. Schließlich wird dem Leser eine Vorgehensweise zur Umstellung eines zertifizierten QM-Systems auf die neue DIN EN ISO 9001:2015 aufgezeigt.

Im Hinblick auf die zahlreichen Änderungen und Ergänzungen in der DIN EN ISO 9001:2015 sollten sich Organisationen rechtzeitig mit der Umstellung ihrer QM-Systeme befassen.

FORUM VERLAG HERKERT GMBH

Merching, 2016

Herausgeber-/Autorenverzeichnis

Dr. Susanne Fiege
Frau Dr. rer. nat. Susanne Fiege hat Chemie auf Diplom studiert und in der organischen, supramolekularen Chemie promoviert. Nach einer anschließenden Zusatzausbildung zur Projektmanagementfachfrau (GPM, IPMA Level D) und zur Qualitätsmanagementbeauftragten (TÜV), arbeitete sie als Beraterin im operativen Projekt- und Qualitätsmanagement in der Automobilindustrie in München. Als Qualitätsingenieurin wurde sie dort u. a. in der Bearbeitung von Kundenreklamationen und zur Koordination geeigneter Korrektur- und Verbesserungsmaßnahmen eingesetzt. Weiterhin hat sie bei der Erarbeitung eines QM-Systems nach DIN EN ISO 9001:2015 in einem Dienstleistungsbetrieb mitgewirkt.

Roland Lapschieß, Dipl.-Betriebswirt, MBA
Krankenpfleger, Rettungsassistent, staatl. geprüfter Betriebswirt (Controlling/Kostenrechnung), Diplomstudium der Sozialökonomie an der Hochschule für Wirtschaft und Politik Hamburg, Masterstudium Gesundheits- und Sozialmanagement an der Hochschule für Angewandte Wissenschaften Hamburg.

Seit 1998 als Unternehmensberater tätig. Das eigene Beratungsunternehmen gründete er 2001. Lehrbeauftragter für Qualitätsmanagement an der Hochschule für Angewandte Wissenschaften Hamburg und der FOM – Hochschule für Ökonomie und Management. Lead-Auditor im Auftrag der DEKRA-Certification GmbH. Schwerpunkte der Beratungstätigkeit sind die Einführung und Weiterentwicklung von Qualitätsmanagementsystemen nach DIN EN ISO 9001 in Organisationen des Gesundheits- und Sozialwesens sowie die Ausbildung von QM-Fachpersonal.

Ralf Lembke
ISO 9001 IRCA Auditor, Dozent und Ausbilder für Auditoren, ISO 28000 Auditor und Ausbilder, TAPA Auditor für TAPA FSR, TAPA TSR und TACSS, MindJet/Mind-Manager-Trainer und Dozent für Zeitmanagement, Vertriebstrainer.

Herr Ralf Lembke studierte Wirtschaftswissenschaften an der Fern-Universität Hagen. Er führt ein eigenes Beratungshaus in Sachen Qualitätsmanagement, Sicherheitsmanagement, Risikomanagement und gibt Seminare zu Qualitätsmanagement und Sicherheitsmanagementthemen in Deutschland und Europa. Zusätzliche Weiterbildungen hat er als IRCA-9001-Lead-Auditor (Qualitätsmanagement ISO 9001:2015), Trainer für Luftfrachtsicherheit, (regB, bV), Trainer und Dozent für Zollsicherheitsprogramme (AEO/ZWB, C-TPAT), Port Security Officer (ISPS PFSO), ISO 28000 (Security System Management) Auditor und er verfügt über eine Ausbildereignung nach AEVO.

Er war jahrelang als Vertriebs-/Betriebsleiter sowie in verschiedenen Positionen der Unternehmensleitung europaweit ebenfalls jahrelang in verschiedenen Sicherheitsfunktionen bei der Bundeswehr und NATO tätig.

Gesamtinhaltsverzeichnis

Vorwort		3
Herausgeber-/Autorenverzeichnis		5
1	**Änderungen der DIN EN ISO 9001:2015 im Überblick**	**11**
1.1	Verbesserung der Anwendbarkeit	11
	1.1.1 Gliederung und Terminologie	11
	1.1.2 Terminologische Unterschiede	14
	1.1.3 Weitere Neuerungen und Verbesserungen	22
1.2	Kontext der Organisation	25
1.3	Prozessorientierter Ansatz	28
1.4	Vorbeugungsmaßnahmen	33
1.5	Dokumentierte Information	37
1.6	Risikobasierter Ansatz	41
1.7	Verantwortung der Leitung	44
2	**Gegenüberstellung DIN EN ISO 9001:2008/DIN EN ISO 9001:2015**	**47**
2.1	High Level Structure (Grundstruktur für Managementsystemnormen)	47
2.2	Die 7 Grundsätze zum Qualitätsmanagement	52
	2.2.1 Nutzen der Grundsätze des Qualitätsmanagements	53
	2.2.2 Anwendung der Grundsätze des Qualitätsmanagements	53
2.3	Weitere relevante Änderungen	55
	2.3.1 Oberste Leitung	55
	2.3.2 Risiken und Chancen	55
	2.3.3 Wissen der Organisation	56
	2.3.4 Prozesse	56
2.4	Tabellarische Gegenüberstellung	57
3	**Grundlagen des Qualitätsmanagements**	**75**
3.1	Grundsätze des Qualitätsmanagements	77
3.2	Grundsätzliches zum Qualitätsmanagement (QM)	89
	3.2.1 Prozessorientierung	89
	3.2.2 Risikobasiertes Denken	94
	3.2.3 Wissensmanagement oder Wissen der Organisation	96
	3.2.4 Kundenorientierung	103

Gesamtinhaltsverzeichnis
Praxishandbuch Qualitätsmanagement

	3.2.5	Dokumentation	107
3.3	Anwendungsbereich und Ziele		111
3.4	Normative Verweise		112
4	**Kommentierung der Normenabschnitte**		**113**
4.1	Kontext der Organisation		113
	4.1.1	Kommentierung des Normenabschnitts 4.1 – „Verstehen der Organisation und ihres Kontextes"	114
	4.1.2	Kommentierung des Normenabschnitts 4.2 – „Verstehen der Erfordernisse und Erwartungen interessierter Parteien"	117
	4.1.3	Kommentierung des Normenabschnitts 4.3 – „Festlegen des Anwendungsbereichs des Qualitätsmanagementsystems"	119
	4.1.4	Kommentierung des Normenabschnitts 4.4 – „Qualitätsmanagementsystem und seine Prozesse"	120
4.2	Organisationsführung		123
	4.2.1	Kommentierung des Normenabschnitts 5.1 – „Führung und Verpflichtung"	123
	4.2.2	Kommentierung des Normenabschnitts 5.2 – „Politik"	125
	4.2.3	Kommentierung des Normenabschnitts 5.3 – „Rollen, Verantwortlichkeiten und Befugnisse in der Organisation"	127
4.3	Planung		129
	4.3.1	Kommentierung des Normenabschnitts 6.1 – „Maßnahmen zum Umgang mit Risiken und Chancen"	129
	4.3.2	Kommentierung des Normenabschnitts 6.2 – „Qualitätsziele und Planung zu deren Erreichung"	131
	4.3.3	Kommentierung des Normenabschnitts 6.3 – „Planung von Änderungen"	133
4.4	Unterstützung und Ressourcen		134
	4.4.1	Kommentierung des Normenabschnitts 7.1 – „Ressourcen"	134
	4.4.2	Kommentierung des Normenabschnitts 7.2 – „Kompetenz"	140
	4.4.3	Kommentierung des Normenabschnitts 7.3 – „Bewusstsein"	140

	4.4.4	Kommentierung des Normenabschnitts 7.4 – „Kommunikation"	141
	4.4.5	Kommentierung des Normenabschnitts 7.5 – „Dokumentierte Information"	142
4.5	QM im Betrieb.		146
	4.5.1	Kommentierung des Normenabschnitts 8.1 – „Betriebliche Planung und Steuerung"	147
	4.5.2	Kommentierung des Normenabschnitts 8.2 – „Anforderungen an Produkte und Dienstleistungen"	148
	4.5.3	Kommentierung des Normenabschnitts 8.3 – „Entwicklung von Produkten und Dienstleistungen"	153
	4.5.4	Kommentierung des Normenabschnitts 8.4 – „Steuerung von extern bereitgestellten Prozessen, Produkten und Dienstleistungen"	159
	4.5.5	Kommentierung des Normenabschnitts 8.5 – „Produktion und Dienstleistungserbringung"	163
	4.5.6	Kommentierung des Normenabschnitts 8.6 – „Freigabe von Produkten und Dienstleistungen"	169
	4.5.7	Kommentierung des Normenabschnitts 8.7 – „Steuerung nichtkonformer Ergebnisse"	170
4.6	Bewertung und Kontrolle		172
	4.6.1	Kommentierung des Normenabschnitts 9.1 – „Überwachung, Messung, Analyse und Bewertung"	172
	4.6.2	Kommentierung des Normenabschnitts 9.2 – „Internes Audit"	175
	4.6.3	Kommentierung des Normenabschnitts 9.3 – „Managementbewertung"	176
4.7	Verbesserung		179
	4.7.1	Kommentierung des Normenabschnitts 10.1 – „Allgemeines"	179
	4.7.2	Kommentierung des Normenabschnitts 10.2 – „Nichtkonformität und Korrekturmaßnahmen"	181
	4.7.3	Kommentierung des Normenabschnitts 10.3 – „Fortlaufende Verbesserung"	183
5	**Auditierung und Zertifizierung**		**185**
5.1	Das Audit – eine Begriffsbestimmung		185
5.2	Normative Vorgaben zum Qualitätsaudit		189
5.3	Der Auditprozess		192
	5.3.1	Der Auditprozess im Überblick	192

Gesamtinhaltsverzeichnis
Praxishandbuch Qualitätsmanagement

	5.3.2	Auditprogramm erstellen	192
	5.3.3	Audit vorbereiten	196
	5.3.4	Audit durchführen	202
	5.3.5	Audit nachbereiten	210
5.4	Bewertung der Auditor-Kompetenz		212
5.5	Zertifizierung nach DIN EN ISO 9001		215
	5.5.1	Begriffsklärung Akkreditierung und Zertifizierung	215
	5.5.2	Ablauf des Zertifizierungsverfahrens	217
	5.5.3	Übergangsregelungen zur Zertifizierung nach DIN EN ISO 9001:2015	222

Glossar 227
Anhang 241
Literaturverzeichnis 247
Stichwortverzeichnis 251

1 Änderungen der DIN EN ISO 9001:2015 im Überblick

1.1 Verbesserung der Anwendbarkeit

Mit der neuen Revision DIN EN ISO 9001:2015 wurde an der Verbesserung der Anwendbarkeit für alle Zielgruppen gearbeitet. Vor allem wurden Anpassungen an der Gliederung und der Terminologie einiger Begriffe vorgenommen. Dies wird im ersten Teil des Kapitels beschrieben. Auf die genauen Änderungen bei der Wortwahl und deren Auswirkungen wird im zweiten Teil eingegangen.

1.1.1 Gliederung und Terminologie

Gliederung
Mithilfe der neuen Gliederung, gleicht sich die Norm nun auch an andere Normen zu Managementsystemen (z. B. DIN EN ISO 14000) an. Diese sogenannte High Level Structure (HLS), welche nun **zehn** Abschnitte anstelle der bisher bekannten **acht** enthält, verbessert insgesamt die Lesbarkeit, die Verständlichkeit und den Wiedererkennungswert der unterschiedlichen Normen. Wie sich die Struktur und Gliederung der Norm genau auswirkt und was sich im Detail geändert hat, erfahren Sie in Kapitel 2.

Aus Anhang A.1 der Norm geht hervor, dass sich die Gliederung der Norm nicht zwingend in der Struktur des Qualitätsmanagementsystems (QMS) Ihrer Organisation widerspiegeln muss. Jede Organisation, welche sich nach der DIN EN ISO 9001 zertifizieren lassen möchte, darf selbst entscheiden, in welcher Art die dokumentierten Informationen zum Qualitätsmanagementsystem der Organisation erstellt und bereitgestellt werden sollen.

 Praxistipp

Die Gliederung der Norm soll dem Anwender helfen, eine klare Struktur bezüglich der gestellten Anforderungen zu erhalten.
Für Ihre Organisation liegt der Fokus darauf, ein funktionierendes Qualitätsmanagementsystem zu etablieren, welches die Anforderung der Norm enthält. Es kann daher sehr sinnvoll sein, sich eine Struktur für das Qualitätsmanagementsystem zu erarbeiten, die den Fokus mehr auf die Prozesse, deren Ergebnisse und die Kommunikations- bzw. Informationskultur der Organisation legt. So findet sich jeder Mitarbeiter Ihrer Organisation direkt in der dazugehörigen Dokumentation zurecht.

Terminologie

Auch die für die Organisation geeignete Wortwahl bleibt ihr selbst überlassen. Es ist nicht erforderlich, den Terminus der Norm zu übernehmen, um die Prozesse des Qualitätsmanagementsystems zu beschreiben. So können Sie z. B. weiterhin zwischen Dokumenten und Aufzeichnungen unterscheiden, auch wenn in der Norm mit dieser Revision der übergeordnete Begriff der „dokumentierten Informationen" verwendet wird.

Die nachfolgende Tabelle stellt die terminologischen Unterschiede der bisher gültigen und der neuen Revision dar.[1] Eine genauere Kommentierung der terminologischen Unterschiede finden Sie in Kapitel 1.1.2.

---

[1] Vgl. Graebig (2016).

1.1 Verbesserung der Anwendbarkeit
1 Änderungen der DIN EN ISO 9001:2015 im Überblick

DIN EN ISO 9001:2008	DIN EN ISO 9001:2015
„Arbeitsumgebung"	„Prozessumgebung" (siehe auch Kapitel 1.3)
„Ausschluss"	Wird nicht mehr verwendet, es heißt nun: „Als nicht zutreffend bestimmt". (siehe auch Kapitel 1.2 und Kapitel 4.1.3)
„Beauftragter der obersten Leitung" (QMB)	Wird nicht mehr verwendet. (siehe auch Kapitel 1.7 und Kapitel 4.2)
„Beschafftes Produkt"	„Extern bereitgestellte(s) Produkt/Dienstleistung" (siehe auch Kapitel 1.2)
„Dokumentation", „Qualitätsmanagementhandbuch" (QMH), „Dokumentierte Qualitätspolitik", „Dokumentierte Verfahren", „Aufzeichnungen"	„Dokumentierte Information" (siehe auch Kapitel 1.5)
„Fehler"	„Nichtkonformität" oder „Fehler"
„Kunde"	„Kunde", der Begriff ist zwar gleich geblieben, aber die Definition hat sich verändert
„Lieferant"	„externer Anbieter" (siehe auch Kapitel 1.2)
„Personelle Ressourcen", „Personal"	„Personen"
„Produkt"	„Produkte und Dienstleistungen", wobei Produkt neu definiert wurde
„Produktstatus"	„Status der Ergebnisse"
–	„Chance"; Neuer Begriff (siehe auch Kapitel 1.6)
„Ständige Verbesserung"	„Fortlaufende Verbesserung" (siehe auch Kapitel 1.3)
„Überwachungs- und Messmittel"	„Ressourcen zur Überwachung und Messung" (siehe auch Kapitel 4.4)
„Verantwortung"	„Verantwortlichkeit" (siehe auch Kapitel 1.7)

1.1 Verbesserung der Anwendbarkeit
1 Änderungen der DIN EN ISO 9001:2015 im Überblick

DIN EN ISO 9001:2008	DIN EN ISO 9001:2015
–	„Rechenschaftspflicht"; Neuer Begriff (siehe auch Kapitel 1.7)

Tab. 1: Terminologische Unterschiede

1.1.2 Terminologische Unterschiede

Prozessumgebung

Der Begriff „Arbeitsumgebung" wurde zum Begriff „Prozessumgebung". Der Begriff „Prozessumgebung" wurde in der DIN EN ISO 9000:2015 nicht eindeutig definiert, lässt sich jedoch unter Umständen folgendermaßen interpretieren:

Der Begriff „Prozessumgebung" betont den prozessorientierten Ansatz der Norm. Weiterhin wurden soziale und psychologische Faktoren in die Betrachtung mit aufgenommen. Aus der Benennung „Prozessumgebung" lässt sich erkennen, dass es sich dabei nicht nur um die Umgebung eines Prozesses, sondern vielmehr um die Betrachtung einer zusammengehörenden Prozesskette handelt, in der die Produkte und Dienstleistungen erbracht werden.[2]

Siehe auch Kapitel 1.3.

> **Beispiel**
>
> Ein Produktionsprozess wird durch einen Mitarbeiter überwacht. Ein sozialer bzw. psychologischer Faktor könnte hierbei sein, ob die Person in ihrer Arbeit dauerhaft allein oder mit weiteren Personen zusammen die Überwachung durchführt. Es könnte sein, dass ein Austausch mit Kollegen zu einem anderen Ergebnis führt als bei Alleinarbeit.

---

[2] Vgl. DIN EN ISO 9001:2008-12 – Qualitätsmanagementsysteme – Anforderungen (ISO 9001:2008), Abschnitt 6.4 / DIN EN ISO 9001:2015-11, Qualitätsmanagementsysteme – Anforderungen (ISO 9001:2015), Abschnitt 7.1.4.

1.1 Verbesserung der Anwendbarkeit
1 Änderungen der DIN EN ISO 9001:2015 im Überblick

Aus psychologischer Sicht ist bekannt, dass Menschen in Gesellschaft häufig besser und motivierter arbeiten. Und aus sozialer Sicht könnte der zusätzliche Austausch mit den Kollegen dazu führen, neue Ideen und nützliche Hinweise für die Arbeit zu erhalten.

Ausschluss

Der Begriff „Ausschluss" wird als solcher in der Norm nicht mehr verwendet. Nach der neuen Begrifflichkeit der Norm können ihre Anforderungen nur dann ohne Beachtung bleiben, wenn sie für das Qualitätsmanagementsystem als „nicht zutreffend" bestimmt werden.

Dies ist nur dann möglich, wenn die Themen nicht in den Anwendungsbereich des Qualitätsmanagementsystems fallen und somit weder auf die Fähigkeit, noch auf die Verantwortung der Organisation Einfluss haben oder die Konformität der Prozessergebnisse oder die Kundenzufriedenheit negativ beeinträchtigen.

In der Norm wurde darauf geachtet, die Anforderungen so zu formulieren, dass ein Ausschluss kaum noch möglich bzw. erforderlich ist. Es gilt die Devise: Alles, was für ein funktionierendes Qualitätsmanagementsystem getan werden kann, ist zu tun.

Die Änderung zum Thema „Ausschlüsse" wird in der Norm im Anhang A.5 „Anwendbarkeit" behandelt. Weitere Informationen finden Sie in Kapitel 1.2 und Kapitel 4.1.3.

✓ Praxistipp

Gehen Sie bei der Verwirklichung Ihres Qualitätsmanagementsystems davon aus, dass Sie in Ihrer Organisation alle Anforderungen an die Norm erfüllen können. Jedes Ergebnis lässt sich messen und jede erforderliche Information dokumentieren. Nutzen Sie die Innovationskraft Ihrer Organisation und schaffen Sie neue Möglichkeiten, die Ihnen helfen, stetig besser zu werden.

Beauftragter der obersten Leitung

Die Anforderung nach der Benennung eines Beauftragten der obersten Leitung ist in der DIN EN ISO 9001:0015 nicht mehr enthalten. Die neue Norm betont die Verantwortung der obersten Leitung für die wirksame

1.1 Verbesserung der Anwendbarkeit
1 Änderungen der DIN EN ISO 9001:2015 im Überblick

Anwendung des Qualitätsmanagements. Wichtige Aufgaben der obersten Leitung sind die strategische Qualitätsplanung und die Förderung des Qualitätsbewusstseins in der Organisation. Darüber hinaus muss die oberste Leitung die Führung des Qualitätsmanagementsystems übernehmen und auch die Verantwortung dafür tragen. Das geschieht, indem die Führung Personen einsetzt, diese auch anleitet und unterstützt. Somit können diese dann ihren Beitrag zur Wirksamkeit des Qualitätsmanagementsystems leisten. Siehe auch Kapitel 1.7 und Kapitel 4.2.

> **Beispiel**
>
> Anstelle eines einzigen „Beauftragten der obersten Leitung" in der Organisation, kann es in einer Organisation nun z. B. je Abteilung eine Person mit dem Wissen eines Qualitätsmanagementbeauftragten geben, der die Sicherstellung und Anwendung des Qualitätsmanagementsystems in dieser Abteilung übernimmt.

Extern bereitgestelltes Produkt
Die Begriffe „extern bereitgestelltes Produkt" sowie „extern bereitgestellte Dienstleistungen" zeigen, wie die Organisation auf Prozessergebnisse anderer Organisationen zurückgreift. Der früher verwendete Begriff des „beschafften Produktes" könnte suggerieren, dass das Produkt irgendwo vorliegt und die Organisation es sich von dort einfach beschaffen kann. Dies ist so nicht immer möglich, da so gut wie jedes Produkt oder jede Dienstleistung durch eine Person oder eine Organisation in der Regel erst erschaffen und für die nächste Verwendung bereitgestellt wird.

Es liegt im Prinzip, z. B. mit Blick auf die Weltwirtschaft, eine unendlich lange Prozesskette vor, in der meist nur einige Prozessabschnitte von einer Organisation durchgeführt werden können.

Siehe auch Kapitel 1.2.

Dokumentierte Information
Eine dokumentierte Information ist eine Information, die von der Organisation zum einen gelenkt und zum anderen gesteuert wird. Dokumentierte Informationen müssen einerseits für die Planung und den

Betrieb des QM-Systems bereitgestellt werden, andererseits müssen dokumentierte Informationen als Nachweise für erreichte Leistungen oder erreichte Ergebnisse aufrechterhalten werden. Es wird nicht mehr nur von „Dokumenten" gesprochen.

Siehe auch Kapitel 1.5.

Nichtkonformität oder Fehler

Die aktuelle Norm verwendet die Begriffe „Nichtkonformität" und „Fehler". Beide Begriffe können, laut der Norm, synonym verwendet werden.

Die aktuelle Norm nutzt den Begriff „Fehler" allerdings eher in Bezug zu einer fehlerhaften Verwendung oder Durchführung von Prozessen, und den Begriff „Nichtkonformität" eher in Bezug auf erbrachte Produkte und Dienstleistungen.

> ✓ **Praxistipp**
>
> Um „Fehler" zu vermeiden oder zu korrigieren kann es sinnvoll sein, die Mitarbeiter eher auf das gewünschte konforme Ziel hin arbeiten zu lassen, statt vom „Problem" wegzukommen. Dies mag sich im ersten Moment nach einem unwesentlichen Unterschied anhören, hat aber in den meisten Fällen ein wesentlich positiveres Ergebnis zur Folge.
> Auch für das Betriebsklima kann es sinnvoll sein, nicht generell von Fehlern zu sprechen, sondern eher davon Verbesserungspotenziale zu definieren.

Kunde

Der Begriff Kunde wurde zwar nicht geändert, aber die Definition dessen wurde um den „potenziellen Kunden" erweitert.

In der DIN EN ISO 9000:2005 wurde der Kunde noch als Produktempfänger definiert.

In der neuen DIN EN ISO 9000:2015 ist der Begriff weiter gefasst. So kann es sich nun um einen Empfänger oder auch potenziellen Empfänger eines Produktes oder einer Dienstleistung gleichermaßen handeln.

Diese neue Definition schließt somit alle möglichen Kunden mit ein. Es ist daher wichtig, das Umfeld der Organisation, wie in Abschnitt 4 der Norm gefordert, genau zu betrachten und zu definieren. Gerade auch im Hinblick auf die potenziellen Risiken und Chancen, die sich daraus ergeben, ist dies von großer Bedeutung.

Externer Lieferant

Zuvor wurde nur der Begriff „Lieferant" genutzt. Da Produkte und Dienstleistungen aber auch innerhalb einer Organisation, z. B. von einer anderen Abteilung, erbracht werden können, wurde nun die Erweiterung „externer" hinzugefügt. Diese Erweiterung gibt explizit an, dass sich der Lieferant außerhalb der Organisation bzw. außerhalb des betreffenden Qualitätsmanagementsystems befindet.

Siehe auch Kapitel 1.2.

Personen

Die frühere Benennung „personelle Ressource" oder „Personal" hat unter Umständen, die Mitarbeiter entpersonifiziert, sie zu Dingen, zu Elementen des Systems gemacht. Der Begriff „Personen" stellt sich näher am Menschen dar und macht den Umgang damit griffiger und wertvoller.

Weiterhin steht der Begriff „Personal" in der Regel für direkte Mitarbeiter der Organisation. Mit „Personen" ist in der Norm offengehalten worden, ob sich diese Personen innerhalb oder außerhalb der Organisation befinden.

> **! Hinweis**
>
> Die Einführung oder Anpassung eines bestehenden Lieferantenmanagements kann bei der Einführung eines Qualitätsmanagementsystems erforderlich sein, wird aber nicht von der Norm explizit gefordert.

Produkte und Dienstleistungen

Die Änderung des Begriffs „Produkte" in „Produkte und Dienstleistungen" hat den großen Vorteil, dass sich nun auch Dienstleistungsbetriebe besser mit den Anforderungen der Norm identifizieren können.

1.1 Verbesserung der Anwendbarkeit
1 Änderungen der DIN EN ISO 9001:2015 im Überblick

Bereits in der DIN EN ISO 9001:2008 waren Dienstleistungen im Begriff „Produkte" mit eingeschlossen. Für reine Dienstleistungsbetriebe war es durch diese Wortwahl jedoch teilweise komplizierter, die Prozesse und Prozessergebnisse richtig zu beschreiben.

Dem Anhang A.2 der Norm ist zu entnehmen, dass besonders auf den Unterschied zwischen einem Produkt und einer Dienstleistung Wert gelegt wird. Eine Dienstleistung beinhaltet immer auch einen direkten Kontakt zum Kunden. Ein Produkt kann oder muss diese Eigenschaft nicht vorweisen. Aufgrund dessen müssen manche Anforderungen speziell auf Produkte bzw. Dienstleistungen angepasst werden, um das gewünschte Ergebnis erzielen zu können.

Besonders hervorzuheben ist, dass in der neuen Definition der Norm des Wortes „Produkt" der Fokus darauf gelegt wird, dass es eben bei einem Produkt keinerlei Transaktion zwischen der produzierenden Organisation und dem Kunden bedarf. Bei einer Dienstleistung hingegen muss sehr wohl mindestens eine Tätigkeit oder Handlung zwischen den beiden ausgeführt werden.

> **Beispiel**
>
> Um den Unterschied von Produkten und Dienstleistungen zu verdeutlichen, stellen Sie sich vor, Ihr Unternehmen ist ein Automobilhersteller. Sie produzieren Neuwagen als Ihre Produkte und lassen diese über Ihre Autohändler verkaufen.
> Um zu überprüfen, dass das Produkt die Anforderungen erfüllt, werden alle erforderlichen Messungen und Prüfungen durch Ihr Unternehmen vor der Auslieferung zum Händler durchgeführt.
> Eine zweite Produktprüfung wird es sehr wahrscheinlich auch bei dem entsprechenden Händler geben, der damit im Prinzip das Lieferergebnis kontrolliert.
> Die Dienstleistung des Autohändlers umfasst hierbei u. a. das eingehende Verkaufsgespräch und schließlich die Übergabe des Neuwagens an den Kunden.
> Die Messung und Überprüfung der Konformität dieser Dienstleistungen ist nur in Bezug auf den konkreten Vorgang mit diesem Kunden möglich. In der Regel bestimmt die Kundenzufriedenheit einen großen Teil des gewünschten Ergebnisses einer Dienstleistung.

1.1 Verbesserung der Anwendbarkeit
1 Änderungen der DIN EN ISO 9001:2015 im Überblick

Weiterhin beschreibt der Anhang A.2 der Norm, dass es meistens Produkte mit den zugehörigen Dienstleistungen sind, die durch eine Organisation als Ergebnis an den Kunden übergeben werden. Zwischen Produkten und Dienstleistungen besteht in der Regel immer eine wechselseitige Beziehung, sodass es sehr sinnvoll ist, diese Begriffe zusammen und nicht völlig voneinander getrennt zu betrachten.

Status der Ergebnisse
Anstelle von „Produktstatus" wird nun vom „Status der Ergebnisse" gesprochen. Auf diese Weise wird als Ergebnis auch die Erbringung einer Dienstleistung mit einbezogen.

Chance
Dieser Begriff wird in der Norm zum ersten Mal verwendet. Zuvor war nur von „Risiken" die Rede. Hiermit wird das risikobasierte Denken unterstützt. Wer an Risiken denkt und sich z. B. mit deren Abmilderung beschäftigt, kommt darüber auch oft auf mögliche Chancen, die sonst vielleicht übersehen worden wären. Siehe auch Kapitel 1.6.

> ✓ **Praxistipp**
>
> Chancen können unabhängig von Risiken identifiziert werden. Jedoch ist es oft zu sehen, dass gerade der Umgang mit einem Risiko – wird eine Maßnahme umgesetzt bzw. welche Maßnahme wird umgesetzt – zu einer neuen Chance führen kann.
> Wägen Sie hierfür am besten ab, welchen Aspekt des Risikos oder der Chance Ihnen am wichtigsten ist. Ist es z. B. die Wirtschaftlichkeit Ihrer Organisation oder das Image, welches Sie durch die Maßnahmen besonders schützen wollen.

Fortlaufende Verbesserung
Bisher war unter Abschnitt 8.5.1 der DIN EN ISO 9001:2008 zu lesen, dass die Organisation „nur" die Wirksamkeit ihres Qualitätsmanagementsystems zu verbessern hat.

In der aktuellen Norm wird in Abschnitt 10.3 davon gesprochen, neben der Wirksamkeit auch die Eignung und die Angemessenheit des Qualitätsmanagementsystems zu verbessern.

1 Änderungen der DIN EN ISO 9001:2015 im Überblick

Die Begriffsänderung von „ständig" auf „fortlaufend" kann so verstanden werden, dass es nicht darum geht, heute, morgen und übermorgen – also ständig – eine Verbesserung zu erzielen, da einige Prozesse einfach nicht „ständig" verbessert werden können. Eine „fortlaufende Verbesserung" kann daher eher so interpretiert werden, dass ein größeres Augenmerk auf eine mögliche Verbesserung gelegt wird, wenn diese als sinnvoll oder notwendig betrachtet wird. Ist eine Verbesserung möglich, so muss diese umgesetzt werden, jedoch nicht mit aller Konsequenz oder unter Gefährdung des Qualitätsmanagementsystems.

Siehe auch Kapitel 1.3.

Ressourcen zur Überwachung und Messung

Bisher wurde von der „Lenkung von Überwachungs- und Messmitteln" gesprochen. Jetzt geht es darum, die Ressourcen zur Überprüfung und Messung zu bestimmen. Dies beinhaltet natürlich die Überwachungs- und Messmittel selbst, aber unter Umständen auch das nötige Personal, welches diese Messmittel bedient und dazu ggf. geschult werden muss.

Messmittel sind in der Regel ausschließlich Geräte mit oder ohne Computerunterstützung. Als Ressource werden Personen, Gegenstände oder Zeit bezeichnet und damit jedes für den Prozess erforderliche Element.

Siehe auch Kapitel 4.4.

Rechenschaftspflicht

Dieser Begriff ist neu eingeführt worden. Diese sogenannte Rechenschaftspflicht hat die oberste Leitung für die Wirksamkeit ihres Qualitätsmanagementsystems. Hieraus lässt sich verstehen, dass die oberste Leitung nicht nur eine Organisation mit Qualitätsmanagementsystem führt, sondern zu jeder Zeit dafür einsteht und dessen Wirksamkeit erklären und begründen kann.

Siehe auch Kapitel 1.7.

1.1.3 Weitere Neuerungen und Verbesserungen

Gestaltungsfreiheit
Die Formulierungen in der Norm bieten dem Anwender an vielen Stellen eine höhere Gestaltungsfreiheit als zuvor. Viele Anforderungen sind weiter und allgemeiner gefasst als in der Vorgängerversion, was damit den Ermessensspielraum der Organisation deutlich vergrößert. Erkennbar wird dies an einigen Formulierungen im Abschnitt 4, in Bezug auf die Bestimmung des Kontextes der Organisation (z. B. „relevante Themen"), der Ermittlung von Anforderungen an oder von interessierten Parteien (z. B. „relevante Anforderungen") und auch bei der Festlegung des Anwendungsbereiches, der sich auf die Abschnitte 4.1 und 4.2 bezieht.

Im Gegensatz dazu wurden aber auch einige mögliche Einschränkungen entfernt. Beispiele hierfür sind Wortpaare wie: „bei Bedarf", „soweit angemessen", „falls zutreffend" etc., was den Gestaltungsspielraum der Organisation natürlich wieder einengt, aber auch deutlich macht, dass manche Anforderungen der Norm nicht relativiert werden können.

Die genannten Änderungen werden in der Regel mehr Gestaltungsspielraum für die Organisation beim Aufbau, der Verwirklichung und Aufrechterhaltung ihres Qualitätsmanagementsystems ermöglichen. Daher wird sich dies voraussichtlich auch auf die Durchführung der Audits auswirken, da die Auditoren nun organisationsspezifischere Fragen stellen werden.

> **! Hinweis**
>
> Die neuen Normanforderungen bieten den Organisationen einen großen Gestaltungsspielraum zur Umsetzung. Gleichzeitig gibt es damit aber auch Platz für Fehlinterpretationen!

Grundsätze des Qualitätsmanagements
Neu ist die Auflistung der Grundsätze des Qualitätsmanagements in Abschnitt 0.2 der Norm:

- Kundenorientierung
- Führung
- Einbeziehung von Personen
- Prozessorientierter Ansatz
- Verbesserung
- Faktengestützte Entscheidungsfindung
- Beziehungsmanagement

Durch das Lesen der Grundsätze kann bereits bei der Vorlage dieser Norm ein Qualitätsbewusstsein beim Leser geschaffen werden, was sich sicherlich positiv auf die Ausarbeitung eines Qualitätsmanagementsystems auswirkt. Mehr zu den Grundsätzen des QM finden Sie im Kapitel 2.

Elemente eines Einzelprozesses

In der bisherigen Norm wurde im Abschnitt 0.2 „Prozessorientierter Ansatz" bisher nur das Bild für das Modell eines prozessorientierten Qualitätsmanagementsystems, inkl. des PDCA-Zyklus, gezeigt. Die Elemente eines Einzelprozesses wurden bisher nicht beschrieben. Diese wurden nun aber in der Norm bedacht. (Siehe auch Abbildung Kapitel 3.2.1.)

Zu sehen ist hierbei die folgende schematische Abfolge:

Eingabequellen → Eingaben → Tätigkeiten → Ergebnisse → Empfänger von Ergebnissen

Im Prozess-Teil „Tätigkeiten" erfolgt der gewohnte Durchlauf des PDCA-Zyklus. Er ist ebenfalls nochmals einzeln, detailliert mit den Verweisen auf die zugehörigen Normen-Abschnitte in Kapitel 3.2.1 und Kapitel 2.1 abgebildet.

Der PDCA-Zyklus ist in der Regel ein iterativer Prozess, also ein Prozess der bei mehrmaligem Durchlauf des Zyklus zu einer kontinuierlichen Verbesserung führt.

> ✓ **Praxistipp**
>
> Wenn Sie in Ihrer Organisation einen neuen Prozess einführen, so empfiehlt es sich, gerade zu Beginn in kürzeren Abständen, Reviews – also Prüfungen der Prozesse und ihrer Ergebnisse – durchzuführen.
> Nutzen Sie hierzu die Angaben des PDCA-Zyklus, um nichts zu vergessen und klar und strukturiert die neuen Erkenntnisse in den Prozessablauf einfließen zu lassen.

DIN EN ISO 9000:2015

Im Abschnitt 3 „Begriffe" wurde bisher nur auf die undatierte Version der DIN EN ISO 9000 Bezug genommen. Somit war immer die zum Anwendungszeitpunkt aktuelle Version DIN EN ISO 9000 gültig. Um Definitionsproblemen vorzubeugen und eine Eindeutigkeit der Begriffe zu erzeugen, wurde nun der datierte Verweis zur DIN EN ISO 9000:2015 vorgenommen.

Wissen der Organisation

Das Thema „Wissen" ist als neuer Abschnitt (Abschnitt 7.1.6) in die Norm aufgenommen worden. Es wurde bisher nicht als Ressource genannt. Damit gab es bis jetzt auch keine Anforderungen daran, wie mit dieser Ressource umzugehen ist und vor allem auch nicht, wie sie zu schützen ist.

Siehe auch Kapitel 1.4.

1.2 Kontext der Organisation

In der Version der Norm von 2008 wurde vor allem Wert darauf gelegt, das Produkt in einem optimierten Prozess den Anforderungen gerecht an den Kunden zu übergeben. Nun setzt der Gedanke an das Qualitätsmanagement bereits weit vor der Produktrealisierung ein.

Jede Organisation muss sich mit seinen Produkten und Dienstleistungen im Markt, in seiner Branche, in seiner Region und in seiner Stadt vorab verorten. Es ist ein ausgeweiteter Blick auf das Gesamtsystem, in dem ein Produkt oder eine Dienstleistung hergestellt und erbracht wird. Diese Betrachtungsweise kann als ganzheitlicher Ansatz gesehen werden.

Dieser Ansatz ist neu und war bis zur Revision im Jahre 2015 nicht vorhanden. Auch wenn er in der Norm selbst nicht als ganzheitlicher Ansatz genannt wird, lässt er sich dennoch in den Abschnitten 4.1 und 4.2 im Abschnitt 4 „Kontext der Organisation" erkennen.

Wie in Anhang A.3 zu lesen ist, sind die Anforderungen an das Qualitätsmanagementsystem damit nicht erweitert worden. Allein der Blickwinkel, welche Erwartungen und Anforderungen bei den Kunden und den interessierten Parteien im Hinblick auf den gewählten Kontext der Organisation auftreten können, wurde umfangreicher. Es ist immer noch das Ziel einer Organisation, mit der Anwendung eines Qualitätsmanagementsystems dauerhaft Produkte und Dienstleistungen gemäß den gestellten Anforderungen bereitstellen zu können. Dabei sind, wie bisher auch, die Anforderungen der Kunden, sowie gesetzliche und behördliche Anforderungen bei den Produkten und Dienstleistungen zu erfüllen. Neu ist jedoch in der aktuellen Norm der erweiterte Blick auch auf potenzielle Kunden und die Einbeziehung anderer relevanter interessierter Parteien (Abschnitt 4.2). Schließlich bleibt es weiterhin ein Ziel, die Kundenzufriedenheit dauerhaft zu erhöhen.

1.2 Kontext der Organisation
1 Änderungen der DIN EN ISO 9001:2015 im Überblick

Interessierte Parteien

Es ist wichtig, dass die Belange der interessierten Parteien nur dann betrachtet werden müssen, wenn diese einen Einfluss auf die Ergebnisse oder das Qualitätsmanagementsystem selbst haben, sich also im festgelegten Anwendungsbereich der Organisation befinden.

Eine genaue Auswahl ist hier sehr förderlich, denn werden nicht alle relevanten interessierten Parteien bedacht, kann es sein, dass wesentliche Erwartungen nicht erfüllt werden können. Werden allerdings zu viele Parteien mit betrachtet, ist es möglich, dass dies zu einer unnötigen Einschränkung der Handlungsfreiheit der Organisation führen kann.

> **Beispiel**
>
> Der Einfluss der interessierten Parteien kann sich mit der Größe und Lage der Organisation stark ändern.
> Ein eigenständiger Massagesalon mit zwei Mitarbeitern in der Einkaufzone einer Kleinstadt muss demnach eine andere Auswahl an interessierten Parteien betrachten als beispielsweise ein Massagesalon mit 15 Mitarbeitern, der an ein Reha-Zentrum in einem Naturschutzgebiet angeschlossen ist.
> Hier werden sich Unterschiede, z. B. im Falle der Kunden, bezüglich weiterer Geschäfte und Gesundheitsangebote oder auch bei den Anforderungen durch das Reha-Zentrum selbst ergeben.

Anwendungsbereich (Ausschluss)

In der Norm von 2008 im Abschnitt 1.2 „Anwendung" Absatz 2 und 3 hieß es, dass Ausschlüsse in der Anwendung allein bei der Produktrealisierung (dort Abschnitt 7) in Betracht gezogen werden können, solange keine Beeinträchtigungen für das Qualitätsmanagementsystem zu erwarten sind. Die aktuelle Norm von 2015 spricht im Abschnitt 4.3 und Anhang A.5 stattdessen davon, dass Anforderungen nur noch als „nicht zutreffend" bestimmt werden können. Eine Beschränkung allein auf die Produktrealisierung wird dabei jedoch nicht mehr angegeben. Demnach können verschiedene Anforderungen der Norm als „nicht zutreffend" bestimmt werden, wenn daraus, wie es auch früher der Fall war, keine Beeinträchtigungen für die Ergebnisse des Qualitätsmanagementsystems resultieren.

1.2 Kontext der Organisation

Zwei Punkte müssen zwingend berücksichtigt werden, wenn eine Anforderung als „nicht zutreffend" bestimmt wird:

- Es muss eine klare Begründung von der Organisation vorgelegt werden.
- Der festgelegte Anwendungsbereich hat als dokumentierte Information dauerhaft jedem zugänglich zu sein.

> ✓ **Praxistipp**
>
> Für den Fall, dass einzelne Anforderungen der Norm für Ihre Organisation nicht angewendet werden können – sie also nicht zutreffen – nutzen Sie ggf. die Expertise eines erfahrenen Auditors, bevor Sie eine Zertifizierung anstreben.

1.3 Prozessorientierter Ansatz

Es ist sehr positiv hervorzuheben, dass das Thema Prozessorientierung in der Revision 2015 einen neuen und vor allem stärkeren Stellenwert erhalten hat.

Um einen prozessorientierten Ansatz im Sinne der Norm umzusetzen, ist es erforderlich, sich der Prozesse des Qualitätsmanagementsystems mit allen Umfängen bewusst zu sein.

Vermutlich wird zukünftig bei den Audits und Zertifizierungen ein größerer Wert auf die genaue Beschreibung der Prozesse, deren Ein- und Ausgaben sowie die Festlegung der Verantwortlichkeiten und weiterer spezieller Kriterien gelegt werden.

Es werden in Abschnitt 4.4 der Norm folgende neue Anforderungen genannt:

- Zuweisung der Verantwortlichkeiten und Befugnisse innerhalb der Prozesse
- Bestimmung der für den Prozess erforderlichen Eingaben
- Risiken und Chancen zum Prozess mit beachten und behandeln
- Prozesse sind zu bewerten, die Einschränkung „soweit zutreffend" ist entfallen (siehe hierzu aber auch in Kapitel 1.2 das Thema Anwendungsbereich).

Prozessorientierung

Einen prozessorientierten Ansatz zu leben heißt idealerweise, für jeden Prozess eine Rückwärtsbetrachtung durchzuführen. Nehmen Sie hierzu das generelle Prozessschaubild und ergänzen Sie es noch um den Prozessverantwortlichen und die benötigten Ressourcen. Dann stellen Sie sich passende Fragen zu den einzelnen Schritten in rückwärtiger Reihenfolge.

Die folgende Grafik nummeriert die Prozessschritte der in der empfohlenen rückwärtigen Betrachtungsweise und erklärt daraufhin die einzelnen Schritte inklusive einiger Beispiele für mögliche Fragen, die sich in dem jeweiligen Schritt stellen lassen:

1.3 Prozessorientierter Ansatz
1 Änderungen der DIN EN ISO 9001:2015 im Überblick

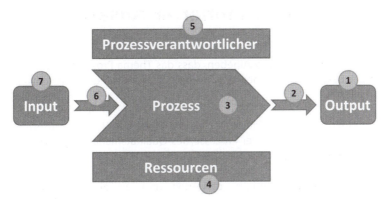

Bild 1: Prozessorientierter Ansatz (Quelle: Dr. Susanne Fiege)

1. Der **Output** dient als erneuter Input für einen nachfolgenden Prozess bzw. ist das Ergebnis, welches an den Kunden ausgehändigt wird:
   - Welche Anforderungen muss dieser Output demnach erfüllen?
2. Die **Schnittstelle zwischen Prozess und Output** muss überwacht werden, um den hier auftretenden, möglichen Unsicherheiten (z. B. Informationsverlust, Beschädigung etc.) entgegenzuwirken, und kann als Zwischenschritt zur Verifizierung des Produktes oder der Dienstleistungserbringung genutzt werden:
   - Welche Kriterien (z. B. Kennzahlen oder Kenngrößen, mit konkreten Werten oder einer allgemeinen Bewertung von „in Ordnung" oder „nicht in Ordnung") müssen für das Prozessergebnis erfüllt sein, dass es als Output dieses Prozesses bzw. als Input des Nachfolgeprozesses freigegeben werden kann?
   - Wer erhält die Befugnis, eine derartige Freigabe zu genehmigen?
3. Der **Prozess** beinhaltet die Tätigkeiten, die schließlich dazu gebraucht werden, um aus einem Input den gewünschten Output mit den erforderlichen Anforderungen zu generieren. Er stellt keine „Blackbox" dar, sondern sollte so genau wie möglich beschrieben werden. Als Einsatz von Tätigkeitsbeschreibungen oder Verfahrensanweisungen sind hier denkbar:
   - Welche konkreten Tätigkeiten müssen durchgeführt werden, um aus dem Input den gewünschten Output zu generieren?
   - Was ist der genaue Start- bzw. der Endpunkt des Prozesses?

4. Um die Tätigkeiten in dem Produktionsprozess oder der Dienstleistungserbringung durchführen zu können, müssen bestimmte **Ressourcen** zur Verfügung stehen. Diese können entweder durch interne Mittel oder aber auch durch externe Mittel gestellt werden:
   - Welche Ressourcen sind zur Ausübung der Tätigkeiten erforderlich (siehe Kapitel 4.3 „Planung") inkl. der Prozessmitarbeiter (mit ihren Qualifikationen, Kompetenzen, Befugnissen)?
5. Jeder Prozess benötigt einen **Verantwortlichen**, der über alle Prozesselemente die Verantwortung trägt. Er hat vor allem auch die Verantwortung, die richtige Schnittstellenkommunikation zu gewährleisten:
   - Wer ist als Prozessverantwortlicher bestimmt und welche Verantwortung, Kompetenzen und Aufgaben sind ihm zugeteilt worden?
   - Wer vertritt den Prozessverantwortlichen im Bedarfsfall?
6. Die **Schnittstelle zwischen Input und Prozess** ist ebenso festzulegen. Dabei sollte berücksichtigt werden, wo der Vorgängerprozess durchgeführt wurde (intern oder extern):
   - Wie und durch wen werden diese Schnittstelle und die Qualität des Inputs geprüft bzw. verifiziert und somit für die Verwendung im geplanten Prozess freigegeben?
7. Der benötigte **Input** für den Prozess muss genau definiert werden. Alle erforderlichen Anforderungen müssen dem Prozessverantwortlichen des Vorgängerprozesses bekannt sein:
   - Welcher Input mit welchen Anforderungen ist hier durch einen Vorgängerprozess intern oder durch einen externen Anbieter bereitzustellen?

Diese Betrachtungsweise ist in Anlehnung an die SIPOC-Vorgehensweise beschrieben.

Wird jeder Prozess im Zusammenhang mit der gesamten Prozesskette gesehen, ist die Beantwortung der Fragen in der Regel leichter. Hierbei fällt dann auch auf, dass die Prozesse nicht mit einer Zuordnung zu Abteilungen oder Strukturen in der Organisation betrachtet werden, sondern ein klarer Blick auf die Prozesse selbst zum Ziel führt.

Prozessorientierung zu leben heißt schließlich, effektiv (das gewünschte Ergebnis erzeugend) und effizient (ohne Verschwendung) zu arbeiten.

1.3 Prozessorientierter Ansatz

Die Verwendung des PDCA-Zyklus ist weiterhin Bestandteil der Norm. Eine detailliertere Betrachtung finden Sie in Kapitel 2 „Gegenüberstellung der DIN EN ISO 9001:2008 – DIN EN ISO 9001:2015":

DIN EN ISO 9001:2008	PDCA	DIN EN ISO 9001:2015
4 QM-System	Plan	4 Kontext der Organisation
5 Verantwortung der Leitung		5 Führung
6 Management von Ressourcen		6 Planung für das QMS
		7 Unterstützung
7 Produktrealisierung	Do	8 Betrieb
8 Messung, Analyse und Bewertung	Check	9 Bewertung der Leistung
	Act	10 Verbesserung

Tab. 1: Der PDCA-Zyklus in der Norm

Steuerung extern bereitgestellter Prozesse

In der Norm wird in Anhang A.8 „Steuerung von extern bereitgestellten Prozessen, Produkten und Dienstleistungen" beschrieben, was zu steuern ist und wie die Steuerung zu erfolgen hat.

Bei der Bestimmung des Kontextes der Organisation und des Anwendungsbereiches ist es erforderlich, die Prozessumgebung zu definieren. Hierzu zählen auch die extern bereitgestellten Prozesse, Produkte und Dienstleistungen.

Es spielt dabei keine Rolle, ob für die Durchführung eines Prozesses z. B. Material von einem Lieferanten gekauft werden muss, eine Beteiligung z. B. an einer Dienstleistung mit einem anderen Unternehmen vereinbart wird oder z. B. einige Prozesse an einen anderen Anbieter vergeben werden. Alle externen Produkte und Dienstleistungen müssen durch die Organisation, wie im Abschnitt 8.4 der Norm (oder in Kapitel 4.5) beschrieben, gesteuert werden.

Wird ein Prozess von der Organisation ausgegliedert, so kann man in der Regel davon ausgehen, dass hierbei auch eine Dienstleistung des externen Anbieters eine Rolle spielt, da spätestens bei der Übergabe des Prozessergebnisses wieder ein direkter Kontakt zwischen dem externen Anbieter und einem Kunden (ggf. auch der Organisation selbst) hergestellt werden wird.

Für die Organisation ist es möglich, die Art der Steuerung je nach Art der externen Bereitstellung auszuwählen. Ebenso hat sie die Möglichkeit, diese Prozesse mit einer zusätzlichen Risikobetrachtung zu bewerten, um geeignete Maßnahmen zur Steuerung identifizieren zu können. Besondere Beachtung sollte auch hier wieder der Schnittstellenkommunikation entgegengebracht werden, da diese in der Regel am störanfälligsten ist.

1.4 Vorbeugungsmaßnahmen

Im Qualitätsmanagement geht es nicht nur darum, Fehler zu erkennen, die Ursachen zu analysieren und mit entsprechenden Maßnahmen zu beheben, um eine Verbesserung zu erzielen. Es ist vor allem durch die Schaffung eines ganzheitlichen Qualitätsbewusstseins von großem Interesse, Fehler und Abweichungen erst gar nicht entstehen zu lassen. Sie demnach vorbeugend zu betrachten und von vornherein Maßnahmen zu ergreifen, die zur Einhaltung der Anforderungen führen, sollte das erklärte Ziel der Organisation sein.

> **! Hinweis**
>
> Die Norm fordert keine einzeln festgelegten Vorbeugungsmaßnahmen, sondern sieht die Anwendung des prozessorientierten und risikobasierten Denkens als das wesentliche Element, mit dem grundsätzlich vorbeugend im Sinne der Norm gehandelt wird.

Selbstverständnis

Das Selbstverständnis wird im Duden folgendermaßen definiert: *„Vorstellung von sich selbst, mit der eine Person, eine Gruppe o. Ä. lebt [und sich in der Öffentlichkeit darstellt]."*[1] Für die Norm lässt sich dies so begreifen, dass gewisse Inhalte, auch wenn sie nicht explizit genannt werden, als grundsätzliche Eigenschaften oder Bedeutung des Qualitätsmanagements angenommen werden.

Es geht darum, mehr Bewusstsein zu schaffen, wie Qualität entsteht, gelebt und bewahrt werden kann.

Es ist das Ziel, für jede der beschriebenen Anforderungen der Norm, vorbeugende Maßnahmen zu identifizieren. Sei es schon bei der Betrachtung des Kontextes, in dem sich die Organisation befindet (siehe Abschnitt 4.1 der Norm), oder wie Risiken und Chancen mitbetrachtet werden müssen, wenn die Prozesse geplant und durchgeführt werden (siehe Abschnitt 6.1 der Norm).

---

[1] http://www.duden.de/rechtschreibung/Selbstverstaendnis (Stand 03.02.2016).

1.4 Vorbeugungsmaßnahmen
1 Änderungen der DIN EN ISO 9001:2015 im Überblick

Deshalb ist diesem Thema auch kein eigener Abschnitt in der Norm gewidmet, sondern es schwingt als Basiselement in jedem Handeln mit.

Weiterhin ist der Norm an dieser Stelle zu entnehmen, dass die Qualität der vorbeugenden Maßnahmen mit der Formulierung der Anforderungen steht und fällt. Ist aus der Formulierung das risikobasierte Denken abzulesen, so werden die Anforderungen auch dafür sorgen, bereits im Vorfeld Risiken abzumildern oder erst gar nicht eintreten zu lassen.

Insgesamt führt es zu einer größeren Flexibilität, nicht mehr spezifische Vorbeugungsmaßnahmen definieren zu müssen, sondern dieses Element durch den risikobasierten Ansatz in die Anforderungen an die Prozesse, die dokumentierten Informationen sowie auch bezüglich der Verantwortlichkeiten und Befugnisse innerhalb einer Organisation einfließen zu lassen.

In der aktuellen Norm wird in folgenden Abschnitten explizit von Risiken oder risikobasiertem Denken gesprochen. Damit wird der Bezug zu vorbeugendem Planen und Handeln in der Organisation hergestellt:[2]

0.1	Einleitung, Vorteile der Verwendung der QM-Norm
0.3.1	Einleitung, prozessorientierter Ansatz
0.3.2	Einleitung, PDCA: Beschreibung der Planung
0.4	Einleitung, Angleichung zu anderen Managementsystemnormen
4.4.1	f) Kontext der Organisation, Qualitätsmanagementsystem und seine Prozesse
5.1.1	d) Führung, Verpflichtung der obersten Leitung
5.1.2	b) Führung, Kundenorientierung
9.1.3	e) Bewertung der Leistung, Analyse und Bewertung
9.3.2	e) Bewertung der Leistung, Eingaben für die Managementbewertung
10.2.1	e) Verbesserung, Nichtkonformität und Korrekturmaßnahmen
A.5)	Anwendbarkeit

---

[2] Vgl. Graebing (2016).

A.8) Steuerung von extern bereitgestellten Prozessen, Produkten und Dienstleistungen

Wissensmanagement

Das Wissen der Organisation zu bestimmen und zu schützen, wurde als neue Anforderung in die Norm aufgenommen (siehe Abschnitt 7.1.6 und Anhang A.7 der Norm).

Es ist bekannt, dass nicht jeder Gedanke eines Mitarbeiters dokumentiert werden kann. Aber viele Verbesserungen oder potenzielle Risiken, die durch die Erfahrung der Mitarbeiter gemacht wurden, können für die Organisation auch zu späteren Zeitpunkten immer wieder von großem Nutzen sein. Es ist daher die Aufgabe der Organisation, dafür zu sorgen, dass das Wissen der Organisation in der Organisation bleibt. Mehr dazu auch im Kapitel 4.4.1.

Im Anhang A.7 werden zwei Punkte genannt, weshalb die Norm die Anforderungen an das Wissen in der Organisation aufgenommen hat:

- Schutz vor Wissensverlust
- Ermutigung zum Wissenserwerb

> ✓ **Praxistipp**
>
> Zum Thema Wissensmanagement kann es sinnvoll sein, in regelmäßigen Abständen Workshops, Lessons-Learned-Events und weitere Teambesprechungen durchzuführen, in denen das aktuelle Wissen zu einem Projekt umfassend dokumentiert wird.
> Hierbei könnte z. B. die Dokumentation in einen extra dafür angelegten Ordner zum Projekt erfolgen, der im Zuge einer solchen Veranstaltung auch direkt „aufgeräumt" wird und falsche oder veraltete Aussagen oder Informationen gelöscht oder in ein Archiv verschoben werden.
> Nutzen Sie ggf. auch interdisziplinäre Workshops, um auf neue Ideen zu kommen und das Wissen in der gesamten Organisation zu vermehren. Teamübergreifender Austausch ist zudem auch außerhalb von Workshops ein nützlicher Effekt, um Verbesserungen und reibungslose Abläufe zu generieren.

1.4 Vorbeugungsmaßnahmen

1 Änderungen der DIN EN ISO 9001:2015 im Überblick

Das Wissen der Organisation kann verloren gehen, wenn z. B. langjährige Mitarbeiter in Rente gehen oder die Organisation aus anderen Gründen verlassen.

Eine weitere Gefahr bergen alle Momente, in denen gezielt Wissen (z. B. eine Anweisung zur Durchführung o. Ä.) weitergegeben wird. Wenn sich hier kleine Fehler in den Informationen einschleichen, fällt dies oft nicht sofort auf, kann aber mit der Zeit zu gravierenden Problemen bei der Produktion oder Dienstleistungserbringung führen.

Angenehmer ist daher das Thema, Wissen in der Organisation zu vermehren. Dies ist z. B. durch das Sammeln von Erfahrung, durch Mentoring oder Coaching (z. B. durch interne oder externe Beratung) oder auch durch den Leistungsvergleich zwischen Mitarbeitern oder auch in Bezug zu ähnlichen Organisationen möglich.

1.5 Dokumentierte Information

Die aktuelle Norm verwendet den Begriff „dokumentierte Information" nun für alle Arten von Dokumenten (siehe auch Kapitel 1.1). In der Norm werden in Anhang A.6 „Dokumentierte Informationen" die Änderungen zu diesem Thema zusammenfassend beschrieben.

Der Abschnitt 7.5 der Norm mit dem Titel „Dokumentierte Information" ist so auch in anderen Managementsystemnormen zu finden. Der Abschnitt ist Teil der High Level Structure (HLS) und wurde ohne große Anpassungen direkt auf die Qualitätsmanagement-Norm angewendet.

Dokumente und Aufzeichnungen

Im Anhang A.6 wird folgende Unterscheidung näher erläutert. In der Norm wird teilweise vom „Aufrechterhalten dokumentierter Informationen" gesprochen, in anderen Abschnitten von „Aufbewahrung dokumentierter Informationen". Wie ist dieser Unterschied zu verstehen? Die folgende Tabelle zeigt eine Gegenüberstellung der grundsätzlichen Unterschiede zwischen Dokument und Aufzeichnung, wie sie in den Normen beschrieben und zu verstehen ist.

DIN EN ISO 9001:2008	DIN EN ISO 9001:2015
Dokument	(Aufrechterhaltung) dokumentierter Informationen
Dokumente beschreiben z. B. ein Verfahren, eine Arbeitsstelle oder das Qualitätsmanagementsystem der Organisation. Es kann aber auch ein unausgefüllter Fragebogen oder eine Checkliste sein. Sie enthalten Informationen, die zu einem bestimmten Zeitpunkt festgelegt wurden und können in aufeinander folgenden Versionen erstellt werden. Die beschlossenen Inhalte eines Dokumentes gelten als Vorgabe für die Prozesse im Qualitätsmanagementsystem und müssen daher so behandelt werden, dass sie jederzeit wieder einsehbar sind, also aufrechterhalten werden. Auch hier ist es erforderlich, dass die Organisation festlegt, wie lang z. B. frühere Versionen aufbewahrt werden müssen und auf welchem Medium diese Aufrechterhaltung gewährleistet sein muss.	

1.5 Dokumentierte Information

1 Änderungen der DIN EN ISO 9001:2015 im Überblick

DIN EN ISO 9001:2008	DIN EN ISO 9001:2015
Aufzeichnung	(Aufbewahrung) dokumentierter Informationen
Aufzeichnungen beschreiben z. B. eine Messung mit ihren zu einem speziellen Zeitpunkt erfassten Ergebnissen oder sind in Form von Protokollen als Mitschrift einer gerade beobachteten Situation erstellt worden. Sie können nur einmal für diesen einen Moment erstellt werden und daher nicht in mehreren Versionen vorliegen. Aufzeichnungen müssen z. B. als Nachweis oder zur Rückverfolgbarkeit von Messergebnissen für einen bestimmten Zeitraum aufbewahrt werden. Was aufzubewahren ist und auf welchem Medium legt die Organisation dabei selbst fest.	

Tab. 1: Dokumente und Aufzeichnungen

Es zeigt sich damit, dass der einheitliche Sprachgebrauch von „dokumentierter Information" in der Norm durchaus von Vorteil ist. Es gibt dem Anwender selbst die Möglichkeit zu entscheiden, wie dieser Nachweis zu erbringen ist.

Qualitätsmanagementhandbuch
Ein wesentlicher Unterschied zur vorherigen Normversion besteht unter anderem auch darin, dass das Qualitätsmanagementhandbuch (QMH) als Dokument des Qualitätsmanagementsystems nicht mehr von der Norm gefordert wird. Es besagt jedoch auch nicht, dass den Organisationen untersagt ist ein QMH zu führen. Wenn es für die Organisation als sinnvoll angesehen wird, die Anforderungen an das Qualitätsmanagementsystem der Organisation in einem Gesamtwerk zusammenzufassen, darf dies weiterhin Bestandteil der Organisation sein. Gerade auch dann, wenn eine Organisation bereits ein QMH führt, ist es sinnvoll, dieses für eine Rezertifizierung zur DIN EN ISO 9001:2015 zu überarbeiten aber nicht gänzlich zu verwerfen.

✓ **Praxistipp**

Anstelle eines Qualitätsmanagementhandbuchs in gedruckter Form oder als ein zusammenhängendes Dokument, bieten sich in heutiger Zeit Cloud- und Sharepoint-Lösungen an. Die einzelnen dokumentierten Informationen können dann z. B. als eine Art Wiki-Datei im

1.5 Dokumentierte Information

Intranet der Organisation veröffentlicht, und von den entsprechend berechtigten Personen zur Pflege und Änderung bereitgestellt werden.

Qualitätspolitik und Qualitätsziele

In der Norm von 2008 wurde darauf hingewiesen (Abschnitt 4.2.2 b), dass das Qualitätsmanagementhandbuch dokumentierte Verfahren und Verweise, wie auch die Qualitätspolitik und die Qualitätsziele, enthalten muss. In der aktuellen Norm werden nun konkrete Dokumentationsanforderungen dafür angegeben (siehe Qualitätspolitik in Abschnitt 5.2.2 a) und Qualitätsziele in Abschnitt 6.2.1, letzter Satz).

Die Qualitätspolitik muss als dokumentierte Information verfügbar sein und aufrechterhalten werden. Die Verantwortung hierfür hat die oberste Leitung. Im Falle der Qualitätsziele müssen ebenso dokumentierte Informationen aufrechterhalten werden, was in diesem Fall von der Organisation gefordert wird.

Zugriff auf dokumentierte Informationen

Der Abschnitt 7.5.3.2 der Norm („Lenkung dokumentierter Informationen") enthält eine Anmerkung zum Thema Zugriff auf dokumentierte Informationen.

Hierin wird beschrieben, dass Dokumente vor unberechtigtem Zugriff beispielsweise dadurch geschützt werden können, dass den zugriffsberechtigten Personen unterschiedliche Benutzerrechte eingeräumt werden. Es gibt z. B. die Möglichkeit, nur das Lesen eines Dokumentes zuzulassen oder auch das Lesen und Bearbeiten. Zudem können die Berechtigungen noch um das Recht der Freigabe einer dokumentierten Information erweitert werden.

 Praxistipp

Viele Organisationen haben festgelegte Datenschutzrichtlinien. Hierin ist z. B. beschrieben, welche Informationen, welcher Datenschutzklasse entsprechen (z. B. 0 = offen, 1 = intern, 2 = vertraulich, 3 = streng vertraulich, 4 = geheim).

1.5 Dokumentierte Information

1 Änderungen der DIN EN ISO 9001:2015 im Überblick

> Versehen Sie Ihre dokumentierten Informationen direkt mit dem jeweiligen Datenschutzstatus, so weiß jeder Mitarbeiter, wie damit umzugehen ist.
> Weiterhin können Sie in den Stellenbeschreibungen Ihrer Mitarbeiter hinterlegen, mit welchen dokumentierten Informationen die jeweilige Person in der jeweiligen Position wie umgehen darf.
> Dies kann allen Mitarbeitern in der Organisation eine zusätzliche Sicherheit im Umgang mit dokumentierten Informationen bringen.

Lenkung dokumentierter Informationen

Zum Thema „Lenkung dokumentierter Informationen" hat die Norm den Ermessensspielraum für den Anwender erweitert, indem nun eine Reihe unterschiedlicher Tätigkeiten (u. a. bzgl. des Zugriffs, der Änderung und der Aufbewahrung), falls diese als zutreffend eingestuft werden, durch die Organisation durchzuführen sind.[1]

Im Abschnitt 4.2.3 der Norm von 2008 hieß es unter Punkt b), dass Dokumente nur „bei Bedarf" zu aktualisieren und dann erneut zu genehmigen sind. Dies steckte den Rahmen der Lenkung wesentlich enger.

Information

Der Anhang A.6 weist darauf hin, dass es auch Textstellen gibt, die nur den Begriff „Information" enthalten. Hier wird durch die Norm keine Anforderung an eine Dokumentation gestellt. Die Organisation darf selbst wählen, ob es notwendig oder angemessen ist, eine dokumentierte Information zu erstellen, aufrechtzuhalten und aufzubewahren.

---

[1] Vgl. DIN EN ISO 9001:2015-11, Qualitätsmanagementsysteme – Anforderungen (ISO 9001:2015), Abschnitt 7.5.3.2.

1.6 Risikobasierter Ansatz

Das risikobasierte Denken war als Konzept bereits in der bisherigen Norm ein Bestandteil. Es galt Risiken mit zu betrachten, wenn es z. B. darum geht, Prozesse zu planen, Produkte zu prüfen oder Verbesserungen des Qualitätsmanagementsystems anzustreben. Es war somit der wesentliche Bestandteil des Abschnitts 8.5.3 „Vorbeugungsmaßnahmen" der bisherigen Normversion von 2008.

In der aktuellen Version der Norm kann das risikobasierte Denken als ein Fundament des Qualitätsmanagements angesehen werden. Die Frage nach dem „Was passiert, wenn…?" ist wesentlich bei der Betrachtung aller Prozesse und deren Prozessschritte.

Im neuen Abschnitt 0.3.3 wird dieser risikobasierte Ansatz zum ersten Mal ausdrücklich erwähnt. Weiterhin wurde der Begriff Risiken um das Wort Chancen ergänzt, sodass es nun um die Betrachtung von Risiken und Chancen geht. Risiken und Chancen sind oft voneinander abhängig, ein abgewendetes Risiko kann zu einer Chance führen, so wie die verpasste Chance zu einem Risiko werden kann.

Risiken bleiben, wie bisher auch, als ein ungeplantes Ereignis anzusehen, welches häufig eine negative Auswirkung auf die gewünschten Ergebnisse hat. Aus Sicht der Norm sind Risiken jedoch grundsätzlich als neutral zu betrachten. Die Auswirkungen von Risiken können je nach angewendeten oder nicht angewendeten Maßnahmen positiv oder negativ ausfallen. Chancen sind wiederum meist Ereignisse, die mit positiven Auswirkungen z. B. in Bezug auf das Erreichen der geplanten Ergebnisse, in bestimmten Situationen auftreten können.

⇨ Beispiel

Zwei produzierende Organisationen haben ihr Gelände in einem hochwassergefährdeten Gebiet.
Eine Organisation hat sich direkt beim Bau der Werkshallen dazu entschieden, die untere Etage größtenteils freistehen zu lassen und vorrangig für den An- und Abtransport von Ware zu nutzen. Damit wäre im Hochwasserfall nur ein Bruchteil der Ware betroffen, was als wirtschaftlich tragbar definiert wurde.

1.6 Risikobasierter Ansatz
1 Änderungen der DIN EN ISO 9001:2015 im Überblick

> Die andere Organisation hat eine andere Strategie und ein ausgefeiltes Evakuierungssystem entwickelt, wie ihre Ware bei einer Hochwasserlage schnell und sinnvoll an einen anderen geschützten Ort gebracht werden kann. Diese Maßnahme ist im Fall des Risikoeintritts zwar im ersten Moment nicht so wirtschaftlich, wie die der ersten Organisation, kann aber z. B. im Fall von Lieferengpässen einen klaren Wettbewerbsvorteil und damit sowohl eine gute Wirtschaftlichkeit als auch ein gutes Ansehen bringen.
> Beide Organisationen haben somit eine andere Strategie, mit dem Risiko Hochwasser umzugehen. Für beide sollte sich diese Entscheidung im Endeffekt lohnen.

Das risikobasierte Denken findet spätestens ab Abschnitt 4.1 bei der Bestimmung des Organisationsumfeldes als klare Anforderung Anwendung, um z. B. die Risiken und Chancen für die Wahl des Kontextes der Organisation oder die interessierten Parteien zu bestimmen.

Der Abschnitt 6.1 widmet sich allein den Anforderungen an „Maßnahmen zum Umgang mit Risiken und Chancen", die zur Planung eines Qualitätsmanagementsystems gehören.

Hierbei ist es wichtig anzumerken, dass die Anforderung allein die Planung der Maßnahmen für den Umgang mit Risiken und Chancen beinhaltet. Die Norm schreibt keine speziellen Risikomanagement-Methoden oder einen dazugehörenden dokumentierten Prozess vor. Es kann jedoch sehr sinnvoll sein, sich ein Portfolio von Methoden zurechtzulegen und auch die Informationen zum Risikomanagement zu dokumentieren, gerade im Hinblick auf Managementbewertungen, Reviews und Verbesserungsprozesse.

Vorbeugung
Die aktuelle Norm hat den Abschnitt zum Thema Vorbeugungsmaßnahmen komplett entfallen lassen. Es heißt hierzu in Anhang A.4, dass das Qualitätsmanagementsystem als solches bereits eine vorbeugende Funktion übernimmt. Die Anforderungen an Vorbeugungsmaßnahmen werden mit dem risikobasierten Denken vollständig abgedeckt und

müssen daher nicht separat behandelt werden. Sie sind daher immanent in einem Qualitätsmanagementsystem enthalten (siehe auch Kapitel 1.4 „Vorbeugungsmaßnahmen").

1.7 Verantwortung der Leitung

Gesamtverantwortung für das Qualitätsmanagementsystem

Die Anforderungen der neuen Norm betonen die Verantwortung der Leitung für die Wirksamkeit des Qualitätsmanagementsystems. Die Verantwortung für das Qualitätsmanagementsystem ist nicht delegierbar. Insofern ist auch die Benennung eines Beauftragten der obersten Leitung keine Normanforderung mehr.

Es ist zu erwarten, dass kein Auditor von der Organisation fordern wird, dass jede Führungskraft auch eine Ausbildung zum Qualitätsmanagementbeauftragten (QMB) oder -manager (QMH) durchlaufen haben muss, um eine Zertifizierung der Organisation gewährleisten zu können. Darum wird es sicherlich sinnvoll sein, weiterhin den Einsatz von Personen, die eine entsprechende Ausbildung (z. B. zum QMB) und Kompetenz erlangt haben, zu bestätigen und zu fördern. Eine gute Möglichkeit für den Einsatz sind z. B. wichtige strategische Positionen und die Mitwirkung im operativen Qualitätsmanagement der Organisation.

> **Beispiel**
>
> Diese Änderung kann sich z. B. für kleinere und mittelständische Betriebe als pragmatisch bei der Gestaltung des Organigramms herausstellen. Wurde bisher z. B. eher umständlich versucht die Geschäftsführung und den QMB in einer Person an zwei Stellen im Organigramm zu hinterlegen, ist dies nun in der Art nicht mehr erforderlich.
> Die Geschäftsführung hat die Gesamtverantwortung für das Qualitätsmanagementsystem und die Mitarbeiter, die Verantwortlichkeiten zum Qualitätsmanagement übertragen bekommen haben. Diese Ergänzungen lassen sich nun in der Regel wesentlich einfacher in ein Organigramm übernehmen.

1 Änderungen der DIN EN ISO 9001:2015 im Überblick

Rechenschaftspflicht
Als neuer Begriff wurde für die oberste Leitung die „Rechenschaftspflicht" genannt. Die oberste Leitung muss gewährleisten, dass die Ziele des Qualitätsmanagementsystems erreicht und das gesamte System als wirksam bezeichnet werden kann.

Geschäftsprozesse
Auch neu ist die Konkretisierung, wie das Qualitätsmanagement in der Organisation einzubeziehen ist. Es heißt hier in Abschnitt 5.1 „Führung", dass die Anforderungen an das Qualitätsmanagementsystem in die Geschäftsprozesse durch die oberste Leitung zu integrieren sind. Damit wird gewährleistet, dass Qualitätsmanagementsystem und Geschäftsprozesse nicht parallel nebenherlaufen, sondern als ein gemeinsames Konstrukt die Wertschöpfung der Organisation fördern.

Prozessorientierung und risikobasiertes Denken
Auch das Thema Prozessorientierung hat hier einen neuen Stellenwert bekommen, da als Anforderung aufgenommen wurde, dass die oberste Leitung den prozessorientierten Ansatz fördern muss.

Im gleichen Absatz (Abschnitt 5.1.1 d)) bekommt die oberste Leitung auch für das risikobasierte Denken die gleiche Anforderung gestellt: Sie muss es in Bezug auf das Qualitätsmanagementsystem in der Organisation fördern.

Qualitätsbewusstsein
Die Anforderung, das Qualitätsbewusstsein in der Organisation zu fördern, war zuvor durch den Qualitätsmanagementbeauftragten zu gewährleisten, dies ist nun auch an die oberste Leitung übertragen worden.

Förderung von Führungskräften
Als ein letzter, aber sehr wichtiger Punkt wird auch die Förderung von Führungskräften und weiteren Personen in relevanten Funktionen im Qualitätsmanagement (z. B. Prozessverantwortliche und andere Leitungspositionen) durch die oberste Leitung als Anforderung genannt.

1.7 Verantwortung der Leitung
1 Änderungen der DIN EN ISO 9001:2015 im Überblick

Hiermit könnte die Kommunikation innerhalb der Organisation sowie die Bildung von Vertrauen und das Gefühl, gemeinsam an einem Strang zu ziehen, deutlich gestärkt werden.

2 Gegenüberstellung DIN EN ISO 9001:2008/ DIN EN ISO 9001:2015

2.1 High Level Structure (Grundstruktur für Managementsystemnormen)

Die neue High Level Structure (HLS) wird im Anhang SL der ISO/IEC-Richtlinien, Teil 1 definiert.

Dieser neue ISO-Leitfaden wurde nicht für die direkte Umsetzung im Unternehmen entwickelt, sondern wurde als interne ISO-Verfahrensbeschreibung zur Erstellung neuer Managementsystem-Standards veröffentlicht.

Sie ist eine übergeordnete Struktur mit einer einheitlichen Kern-Terminologie, die den Aufbau neuer und überarbeiteter ISO-Managementnormen vereinheitlichen soll.

Sie unterscheidet in zulässige und nicht zulässige Änderungen:

Nicht zulässig sind:

- Änderungen an den 10 Abschnittsnummern und Abschnittstiteln
- Standardtexte und Kernbegriffe dürfen nicht geändert werden. Ergänzungen sind hingegen erlaubt.

Zulässig sind:

- Unterabschnitte zu ergänzen ist möglich.

2.1 High Level Structure (Grundstruktur für Managementsystemnormen)
2 Gegenüberstellung DIN EN ISO 9001:2008/DIN EN ISO 9001:2015

- Eine Ergänzung von disziplinspezifischen Texten, insbesondere im Abschnitt 8, ist erwünscht.

Die HLS wird für alle ISO-Normen, die bereits aktualisiert wurden (z. B. DIN EN ISO 14001) bzw. in nächster Zeit aktualisiert und überarbeitet werden (z. B. DIN EN ISO 45001), als Grundlage dienen. Das bedeutet, dass die Ersteller von ISO-Normen künftig die gleiche Struktur, die gleiche Gliederung und einheitliche Textbausteine sowie eine einheitliche Terminologie verwenden müssen. Sie schafft somit einen Rahmen für ein Ergebnis des umfangreichen, sehr komplexen ISO-Normierungsprozesses, an dem die unterschiedlichsten Parteien beteiligt sind. Die ISO möchte den Organisationen den notwendigen Handlungsspielraum bieten, um sich vom Wettbewerb abzuheben oder entsprechend mithalten zu können und ihre Managementsysteme über die Norm hinaus zu verbessern.

Somit sind bzw. werden demnächst alle ISO-Normen mit einer übergeordneten Struktur versehen.

Alle neuen Normen haben einen gemeinsamen kohärenten Kern – die gemeinsame allgemeine Struktur (Inhaltsverzeichnis):

- Identische Abschnitte
- Artikelnummern
- Titel der Abschnitte, Artikel oder Klauseln
- Einführungstexte für identische Artikel
- Eine identische Wortwahl für identische Artikel
- Gemeinsame Bestimmungen und Kernaussagen

Die neue High Level Structure

Sie gliedert sich jetzt in 10 Abschnitte, wobei sich die ersten drei Abschnitte ebenfalls in der bisherigen Norm DIN EN ISO 9001:2008 wiederfinden:

1. Anwendungsbereich
2. Normative Verweisungen
3. Begriffe

Ab Abschnitt 4 bis 10 finden sich Unterschiede zur bisherigen Norm DIN EN ISO 9001:2008.

2.1 High Level Structure (Grundstruktur für Managementsystemnormen)
2 Gegenüberstellung DIN EN ISO 9001:2008/DIN EN ISO 9001:2015

4. Kontext der Organisationen

Der Abschnitt 4 beschreibt:

- den Kontext der Organisation, d. h. das Verstehen der Organisation und ihres Kontextes
- das Verstehen der Erfordernisse und Erwartungen interessierter Parteien
- das Festlegen des Anwendungsbereichs des Qualitätsmanagementsystems
- das Qualitätsmanagementsystem und seine Prozesse

5. Führung

Der Abschnitt 5 beschreibt:

- die Führung und ihre Verpflichtung mit Allgemeines und der Kundenorientierung
- die Politik, die Festlegung der Qualitätspolitik, die Bekanntmachung der Qualitätspolitik, die Rollen
- die Verantwortlichkeiten und Befugnisse in der Organisation

6. Planung

Der Abschnitt 6 beschreibt:

- die Maßnahmen zum Umgang mit Risiken und Chancen
- die Qualitätsziele und Planung zu deren Erreichung
- die Planung von Änderungen

7. Unterstützung

Der Abschnitt 7 beschreibt:

- die Ressourcen
- die Kompetenz
- das Bewusstsein
- die Kommunikation
- die dokumentierte Information

2.1 High Level Structure (Grundstruktur für Managementsystemnormen)
2 Gegenüberstellung DIN EN ISO 9001:2008/DIN EN ISO 9001:2015

8. Betrieb

Der Abschnitt 8 beschreibt:

- die betriebliche Planung und Steuerung
- die Anforderungen an Produkte und Dienstleistungen
- die Entwicklung von Produkten und Dienstleistungen
- die Steuerung von extern bereitgestellten Prozessen, Produkten und Dienstleistungen
- die Produktion und Dienstleistungserbringung
- die Freigabe von Produkten und Dienstleistungen
- die Steuerung nichtkonformer Ergebnisse

9. Bewertung der Leistung

Der Abschnitt 9 beschreibt:

- die Überwachung, Messung, Analyse und Bewertung
- das interne Audit
- die Managementbewertung

10. Verbesserung

Der Abschnitt 10 beschreibt:

- Allgemeines zur Verbesserung
- die Nichtkonformität und Korrekturmaßnahmen
- die fortlaufende Verbesserung

Innerhalb dieser Struktur können Sie den Deming-Kreis, den PDCA-Zyklus, erkennen:

2.1 High Level Structure (Grundstruktur für Managementsystemnormen)
2 Gegenüberstellung DIN EN ISO 9001:2008/DIN EN ISO 9001:2015

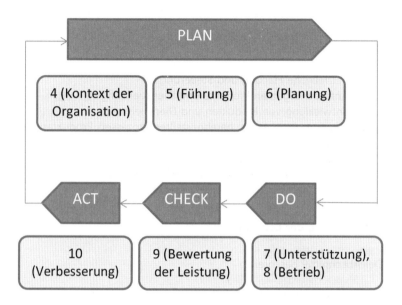

Bild 1: Deming-Kreis mit PDCA-Zyklus – siehe auch Kapitel 2.4 „Gegenüberstellung von DIN EN ISO 9001:2015 und DIN EN ISO 9001:2008" (Quelle: Ralf Lembke)

2.2 Die 7 Grundsätze zum Qualitätsmanagement

Grundsätze zum Qualitätsmanagement sind generelle Anforderungen an ein Qualitätsmanagementsystem. Es wird mit ihnen nicht nur das Ziel hoher Produktqualität verfolgt, sondern sie können auch zur Leistungssteigerung der gesamten Organisation beitragen. Dies alles geschieht unter der Voraussetzung, dass die Grundsätze beachtet und eingehalten werden.

Die 7 Grundsätze (bisher 8) finden sich in Abschnitt 0.2 der DIN EN ISO 9001:2015:

- Kundenorientierung
- Führung
- Einbeziehung der Personen
- Prozessorientierter Ansatz
- Verbesserung
- Faktenbasierte Entscheidungen
- Beziehungsmanagement

> **! Hinweis**
>
> Aus den bisher 8 Grundsätzen zum Qualitätsmanagement sind nun 7 geworden:
> - Der „Prozessorientierte Ansatz" und der „Systemorientierte Managementansatz" sind zusammengefasst worden zum **„Prozessorientierten Ansatz"**:
> - Aus „Ständige Verbesserung" ist **„Verbesserung"** geworden.
> - Aus „Sachbezogener Ansatz zur Entscheidungsfindung" ist **„Faktengestützte Entscheidungsfindung"** geworden.
> - Aus „Lieferantenbeziehungen zum gegenseitigen Nutzen" wurde **„Beziehungsmanagement"**.

In der DIN EN ISO 9000:2015 sind im Kapitel 2.3 die Grundsätze des Qualitätsmanagements detailliert beschrieben.

2.2 Die 7 Grundsätze zum Qualitätsmanagement

2 Gegenüberstellung DIN EN ISO 9001:2008/DIN EN ISO 9001:2015

Eine Untergliederung erfolgt in Aussage, Begründung, Hauptvorteile und mögliche Maßnahmen.

Zuerst macht die Norm zu jedem Grundsatz eine Aussage. Es folgt eine Begründung, warum dieser Grundsatz für die Organisation von Relevanz ist, mit einigen Beispielen, um die Vorteile darzustellen. Zum Schluss werden mögliche Beispiele der einzuführenden Maßnahmen genannt.

2.2.1 Nutzen der Grundsätze des Qualitätsmanagements

Ein Garant für eine nachhaltige und ganzheitliche Unternehmensentwicklung ist ein aktives, lebendiges, effizientes, wirksames und u. a. fortlaufend verbessertes QM-System.

Mit den sieben Grundsätzen des Qualitätsmanagements haben Organisationen einen Rahmen für die Entwicklung.

Speziell die oberste Leitung mit ihrer – jetzt nur bedingt delegierbaren – Verantwortung für das Qualitätsmanagementsystem sowie die Führungskräfte, die nun in besonderer Weise dafür verantwortlich sind, die Organisation zu höherer Leistung zu führen.

> **! Hinweis**
>
> Wenden Sie die 7 Grundsätze stetig und richtig an, sind sie ein Garant für eine erfolgreiche, positive Entwicklung Ihrer Organisation!

2.2.2 Anwendung der Grundsätze des Qualitätsmanagements

Die Anwendung der QM-Grundsätze beinhaltet die systematische Erfassung von Kundenerwartungen, deren Berücksichtigung durch Vereinbarung geeigneter Ziele und Maßnahmen sowie deren wirksame und

2.2 Die 7 Grundsätze zum Qualitätsmanagement
2 Gegenüberstellung DIN EN ISO 9001:2008/DIN EN ISO 9001:2015

effiziente Erfüllung im Rahmen der definierten Prozesse, unter Nutzung der Fähigkeiten aller Mitarbeiter und gepflegter Lieferantenbeziehungen.

 Hinweis

Für eine richtige Anwendung der Grundsätze, müssen Sie die Erwartungen Ihrer Kunden kennen, erfassen und erfüllen!

2.3 Weitere relevante Änderungen

2.3.1 Oberste Leitung

Die neue DIN EN ISO 9001:2015 betrifft u. a. auch die oberste Leitung. Durch den Wegfall der Forderung nach dem „Beauftragten der obersten Leitung" fällt die Verantwortung für das Qualitätsmanagementsystem und seine Prozesse an die Leitung der Organisation. Meist war es bisher in den Organisationen so, dass die Führung des Qualitätsmanagementsystems an den „Beauftragten der obersten Leitung" delegiert wurde.

Daher verlangt die neue Norm jetzt, dass die Verantwortungen und Befugnisse im Bereich Qualitätsmanagement eindeutig festgelegt werden. Wie dies umgesetzt werden soll, ist in der Norm allerdings nicht mehr explizit beschrieben. Also besteht hier mehr Freiheit in der Auslegung, was aber nicht heißt, dass die Leitung aus der Verantwortung ist. Die neue Norm regelt vielmehr durch den Wegfall des „Beauftragten der obersten Leitung", dass die Organisations-Leitung voll verantwortlich ist!

> **! Hinweis**
>
> Die Leitung der Organisation/Geschäftsführung trägt die Verantwortung für das Qualitätsmanagement!

2.3.2 Risiken und Chancen

Die neue Norm fordert zwar kein Risikomanagement, allerdings bezieht sie sich auf Risiken und Chancen bezüglich der Produkte und Dienstleistungen sowie der Organisation selbst!

Wichtig ist es jetzt, dass sich die Organisationen nicht nur über die Risiken, sondern auch über die Chancen, die sich ihnen bieten, Gedanken machen.

2.3.3 Wissen der Organisation

Hier wird gefordert, dass die Organisation über ihr Wissen Klarheit hat. Dann muss geklärt werden, wie neues Wissen erschlossen wird, wie und in welcher Form es den Beteiligten verfügbar gemacht werden kann. Ein anderer ebenfalls sehr wichtiger Punkt ist der Wissensschutz.

Ein wirklich fundiertes „Wissensmanagement" geschieht in vielen Organisationen allerdings noch nicht (siehe auch Kapitel 3.2.3).

2.3.4 Prozesse

Die Prozesse werden durch die neue Norm noch mehr in den Vordergrund gestellt. Vor allem fordert die Norm mehr Prozessmodelle, aber auch an vielen Stellen mehr Prozesse. Auch die Rolle des Prozesseigners ist neu. Diese Punkte sollten genutzt werden, um die prozessuale Landschaft der Organisation zu klären und diese dann für die eigene Qualitätsmanagement-Dokumentation zu nutzen.

2.4 Tabellarische Gegenüberstellung

Im Folgenden finden Sie die tabellarische Gegenüberstellung der „alten" DIN EN ISO 9001:2008 und der „neuen" DIN EN ISO 9001:2015.

Zur Vereinfachung des Verständnisses, inwiefern die Gliederung der Norm des in Kapitel 2.1 erwähnten PDCA-Zyklus wieder zu finden ist, sehen Sie in der linken Spalte der Tabelle den jeweiligen Prozess-Schritt (Plan, Do, Check oder Act). So können Sie sich einfacher orientieren.

In der rechten Spalte finden Sie kurze Kommentierungen zu den jeweiligen Überschriften der gegenübergestellten Normabschnitte. Da die ersten drei Abschnitte der Norm gleich geblieben sind, fängt die Gegenüberstellung mit dem 4. Abschnitt an. In Abschnitt 3 gibt es lediglich ein paar neue Definitionen.

2.4 Tabellarische Gegenüberstellung
2 Gegenüberstellung DIN EN ISO 9001:2008/DIN EN ISO 9001:2015

PDCA-Zyklus	DIN EN ISO 9001:2015	DIN EN ISO 9001:2008	Anforderungen
	3 Begriffe und Definitionen	3 Begriffe und Definitionen	Es gibt neue Definitionen für: Überwachung, Leistung, Risiko, Outsourcing und Beteiligung.
PLAN	4 Kontext der Organisation	4 Qualitätsmanagementsystem	
PLAN	4.1 Verstehen der Organisation und ihres Kontextes	4 Qualitätsmanagementsystem 5.6 Managementbewertung	Die internen und externen Faktoren, die sich auf die Leistung des Systems auswirken können, müssen bestimmt werden, Organisationskultur, sozio-ökonomische Bedingungen, Regelrahmenwerk.
PLAN	4.2 Verstehen der Erfordernisse und Erwartungen interessierter Parteien	4 Qualitätsmanagementsystem 5.6 Managementbewertung	Die „interessierten Parteien" umfassen natürliche Personen und Organisationen, die das Geschäft der Organisation betreffen oder die davon betroffen sind: Kunden, Mitarbeiter, Lieferanten, Banken, Aufsichtsbehörden etc.

2.4 Tabellarische Gegenüberstellung

PDCA-Zyklus	DIN EN ISO 9001:2015	DIN EN ISO 9001:2008	Anforderungen
PLAN	4.3 Festlegen des Anwendungsbereiches des Qualitätsmanagementsystems	1.2 Anwendung 4.2.2 Qualitätsmanagementhandbuch	Der Begriff „Ausschluss" wurde ersetzt durch „Anforderungen, die nicht angewandt werden können", für die ebenfalls Begründungen erforderlich sind.
PLAN	4.4 Qualitätsmanagementsystem und seine Prozesse	4 Qualitätsmanagementsystem 4.1 Allgemeine Anforderungen	Der Prozessansatz, der verpflichtend ist, wird stärker hervorgehoben.
PLAN	**5 Führung**	**5 Verantwortung der Leitung**	
PLAN	5.1 Führung und Verpflichtung	5.1 Selbstverpflichtung der Leitung	Der Begriff „Management" wurde ersetzt durch den Begriff „Führung", der eine stärkere Verantwortlichkeit und Autorität der obersten Leitung im Qualitätsmanagementsystem bedeutet.
PLAN	5.1.1 Allgemeines	5.1 Selbstverpflichtung der Leitung	

2.4 Tabellarische Gegenüberstellung
2 Gegenüberstellung DIN EN ISO 9001:2008/DIN EN ISO 9001:2015

PDCA-Zyklus	DIN EN ISO 9001:2015	DIN EN ISO 9001:2008	Anforderungen
PLAN	5.1.2 Kundenorientierung	5.2 Kundenorientierung	
PLAN	5.2 Politik	5.3 Qualitätspolitik	
PLAN	5.2.1 Festlegung der Qualitätspolitik	5.3 Qualitätspolitik	
PLAN	5.2.2 Bekanntmachung der Qualitätspolitik	5.3 Qualitätspolitik	Zusätzliche Anforderung unter Punkt c): die nach Bedarf den interessierten Parteien zur Verfügung stehen müssen.
PLAN	5.3 Rollen, Verantwortlichkeiten und Befugnisse in der Organisation	5.5.1 Verantwortung und Befugnis 5.5.2 Beauftragter der obersten Leitung 5.4.2 Planung des Qualitätsmanagementsystems	Die Anforderung bezüglich der Ernennung eines Beauftragten der obersten Leitung wurde gestrichen und einige seiner Pflichten wurden der obersten Leitung oder sogar mehreren Personen übertragen.
PLAN	**6 Planung**	**5.4.2. Planung des Qualitätsmanagementsystems**	

2.4 Tabellarische Gegenüberstellung
2 Gegenüberstellung DIN EN ISO 9001:2008/DIN EN ISO 9001:2015

PDCA-Zyklus	DIN EN ISO 9001:2015	DIN EN ISO 9001:2008	Anforderungen
PLAN	6.1 Maßnahmen zum Umgang mit Risiken und Chancen	5.4.2 Planung des Qualitätsmanagementsystems 8.5.3 Vorbeugungsmaßnahmen	Es muss nachgewiesen werden, dass die Risiken für das Qualitätsmanagementsystem bestimmt und Maßnahmen, die den potenziellen Auswirkungen der Risiken angemessen sind, ergriffen wurden. Durch Hinzufügen dieser Bestimmung wurde die Anforderung nach „Vorbeugungsmaßnahmen" entfernt.
PLAN	6.2 Qualitätsziele und Planung zu deren Erreichung	5.4.1 Qualitätsziele	Die Art und Weise, wie Ziele erreicht werden, muss weiter erläutert werden.
PLAN	6.3 Planung von Änderungen	5.4.2 Planung des Qualitätsmanagementsystems	Dies ist eine Erweiterung der Bestimmung 5.4.2 der DIN EN ISO 9001:2008 unter Berücksichtigung von Zweck und Konsequenzen der Änderung, Ressourcen, Verantwortlichkeiten und Befugnissen.

2.4 Tabellarische Gegenüberstellung
2 Gegenüberstellung DIN EN ISO 9001:2008/DIN EN ISO 9001:2015

PDCA-Zyklus	DIN EN ISO 9001:2015	DIN EN ISO 9001:2008	Anforderungen
PLAN	7 Unterstützung	6 Management von Ressourcen	
PLAN	7.1 Ressourcen	6 Management von Ressourcen	
PLAN	7.1.1 Allgemeines	6.1 Bereitstellung von Ressourcen	Auch die extern bereitgestellten Ressourcen sind zu berücksichtigen.
PLAN	7.1.2 Personen	6.1 Bereitstellung von Ressourcen	Es wurden keine signifikanten Änderungen erfasst.
PLAN	7.1.3 Infrastruktur	6.3 Infrastruktur	Beispiele wurden hinzugefügt: Hardware, Software, Transport.
PLAN	7.1.4 Prozessumgebung	6.4 Arbeitsumgebung	Die Erweiterung der Anforderung gilt neben der Einhaltung der produktbezogenen Anforderungen auch für die Anwendung von Prozessen.

2.4 Tabellarische Gegenüberstellung
2 Gegenüberstellung DIN EN ISO 9001:2008/DIN EN ISO 9001:2015

PDCA-Zyklus	DIN EN ISO 9001:2015	DIN EN ISO 9001:2008	Anforderungen
PLAN	7.1.5 Ressourcen zur Überwachung und Messung	7.6 Lenkung von Überwachungs- und Messmitteln	Der Begriff der Ausrüstung wurde auf Ressourcen ausgeweitet. Die Ressourcen umfassen: Instrumente, Personaltestmethoden (inkl. sensorischer Methoden), Software sowie die Vorlagen für das Einholen von Feedback mittels Fragebogen.
PLAN	7.1.5.1 Allgemeines	7.6 Lenkung von Überwachungs- und Messmitteln	
PLAN	7.1.5.2 Messtechnische Rückführbarkeit	7.6 Lenkung von Überwachungs- und Messmitteln	
PLAN	7.1.6 Wissen der Organisation	NEU	Das Wissen umfasst geistiges Eigentum und gelernte Lektionen. Das angeeignete Wissen muss bewahrt werden und verfügbar sein.

2.4 Tabellarische Gegenüberstellung
2 Gegenüberstellung DIN EN ISO 9001:2008/DIN EN ISO 9001:2015

PDCA-Zyklus	DIN EN ISO 9001:2015	DIN EN ISO 9001:2008	Anforderungen
PLAN	7.2 Kompetenz	6.2.1 Allgemeines 6.2.2 Kompetenz, Schulung und Bewusstsein	Ein Hinweis, der folgende Aktivitäten erläutert, wurde hinzugefügt: Schulungen, Anleitung, erneute Qualifizierung, Verpflichtung oder Untervertragnahme kompetenter Personen etc.
PLAN	7.3 Bewusstsein	6.2.2 Kompetenz, Schulung und Bewusstsein	Es wird explizit festgelegt, dass die Grundsätze, die Ziele, der Beitrag und die Auswirkungen von Nichteinhaltungen des Qualitätsmanagementsystems im Abschnitt zum Bewusstsein enthalten sind.

2.4 Tabellarische Gegenüberstellung

PDCA-Zyklus	DIN EN ISO 9001:2015	DIN EN ISO 9001:2008	Anforderungen
PLAN	7.4 Kommunikation	5.5.3 Interne Kommunikation	Neben der „internen Kommunikation" wurde auch die „externe Kommunikation" eingeführt, indem vorgegeben wird, dass die Organisation festlegen muss, was, wann, wie und mit wem sie kommuniziert.
PLAN	7.5 Dokumentierte Information	4.2 Dokumentationsanforderungen	Das Handbuch, das dokumentierte Verfahren und die Aufzeichnungen werden nicht mehr erwähnt. Die Organisation ist jedoch dazu angehalten, dokumentierte Informationen zu verwahren (einschließlich Informationen auf elektronischen Medien).
PLAN	7.5.1 Allgemeines	4.2.1 Allgemeines	
PLAN	7.5.2 Erstellen und Aktualisieren	4.2.3 Lenkung von Dokumenten 4.2.4 Lenkung von Aufzeichnungen	

2.4 Tabellarische Gegenüberstellung
2 Gegenüberstellung DIN EN ISO 9001:2008/DIN EN ISO 9001:2015

PDCA-Zyklus	DIN EN ISO 9001:2015	DIN EN ISO 9001:2008	Anforderungen
PLAN	7.5.3 Lenkung dokumentierter Informationen	4.2.3 Lenkung von Dokumenten 4.2.4 Lenkung von Aufzeichnungen	
DO	**8 Betrieb**	**7 Produktrealisierung**	Der Begriff „Produktrealisierung" wurde ersetzt durch „Betrieb", der für den Dienstleistungssektor angemessener erscheint.
DO	8.1 Betriebliche Planung	7.1 Planung der Produktrealisierung	Zusätzliche Anforderungen in Bezug auf die Implementierung und Kontrolle zur Verringerung von nachteiligen Auswirkungen wurden erfasst.
DO	8.2 Anforderungen an Produkte und Dienstleistungen	7.2 Kundenbezogene Prozesse	Die Bestimmungen wurden neu angeordnet und die Kommunikation kommt nun an erster Stelle.

2.4 Tabellarische Gegenüberstellung

PDCA-Zyklus	DIN EN ISO 9001:2015	DIN EN ISO 9001:2008	Anforderungen
DO	8.2.1 Kommunikation mit dem Kunden	7.2.3 Kommunikation mit dem Kunden	
DO	8.2.2 Bestimmen von Anforderungen für Produkte und Dienstleistungen	7.2.1 Ermittlung der Anforderungen in Bezug auf das Produkt	
DO	8.2.3 Überprüfung von Anforderungen für Produkte und Dienstleistungen	7.2.2 Bewertung der Anforderungen in Bezug auf das Produkt	
DO	8.2.4 Änderungen von Anforderungen für Produkte und Dienstleistungen	7.2.2 Bewertung der Anforderungen in Bezug auf das Produkt	
DO	8.3 Entwicklung von Produkten	7.3 Entwicklung	
DO	8.3.2 Entwicklungsplanung	7.3.1 Entwicklungsplanung	8.3.2 bis 8.3.6 wurden neu formuliert auf Basis der Bestimmungen 7.3.1 bis 7.3.6.
DO	8.3.3 Entwicklungseingaben	7.3.2 Entwicklungseingaben	
DO	8.3.4 Steuerungsmaßnahmen für die Entwicklung	7.3.4 Entwicklungsbewertung 7.3.5 Entwicklungsverifizierung 7.3.6 Entwicklungsvalidierung	

2.4 Tabellarische Gegenüberstellung
2 Gegenüberstellung DIN EN ISO 9001:2008/DIN EN ISO 9001:2015

PDCA-Zyklus	DIN EN ISO 9001:2015	DIN EN ISO 9001:2008	Anforderungen
DO	8.3.5 Entwicklungsergebnisse	7.3.3 Entwicklungsergebnisse	
DO	8.3.6 Entwicklungsänderungen	7.3.7 Lenkung von Entwicklungsänderungen	
DO	8.4 Steuerung von extern bereitgestellten Prozessen, Produkten und Dienstleistungen	7.4.1 Beschaffungsprozess	Der Bereich wurde erweitert. Es fallen auch die extern bereitgestellten Produkte und Lieferungen, die gegen oder ohne Bezahlung beschafft werden können, darunter.
DO	8.4.1 Allgemeines	4.1 Allgemeine Anforderungen 7.4.1 Beschaffungsprozess	
DO	8.4.2 Art und Umfang der Steuerung	7.4.1 Beschaffungsprozess 7.4.3 Verifizierung von beschafften Produkten	
DO	8.4.3 Informationen für externe Anbieter	7.4.2 Beschaffungsangaben 7.4.3 Verifizierung von beschafften Produkten	

2.4 Tabellarische Gegenüberstellung

2 Gegenüberstellung DIN EN ISO 9001:2008/DIN EN ISO 9001:2015

PDCA-Zyklus	DIN EN ISO 9001:2015	DIN EN ISO 9001:2008	Anforderungen
DO	8.5 Produktion und Dienstleistungserbringung	7.5 Produktion und Dienstleistungserbringung	
DO	8.5.1 Steuerung der Produktion und der Dienstleistungserbringung	7.5.1 Lenkung der Produktion und der Dienstleistungserbringung 7.5.2 Validierung der Prozesse zur Produktion und zur Dienstleistungserbringung	
DO	8.5.2 Kennzeichnung und Rückverfolgbarkeit	7.5.3 Kennzeichnung und Rückverfolgbarkeit	
DO	8.5.3 Eigentum der Kunden oder der externen Anbieter	7.5.4 Eigentum der Kunden	
DO	8.5.4 Erhaltung	7.5.5 Produkterhaltung	
DO	8.5.5 Tätigkeiten nach der Lieferung	7.5.1 Lenkung der Produktion und der Dienstleistungserbringung	

2.4 Tabellarische Gegenüberstellung
2 Gegenüberstellung DIN EN ISO 9001:2008/DIN EN ISO 9001:2015

PDCA-Zyklus	DIN EN ISO 9001:2015	DIN EN ISO 9001:2008	Anforderungen
DO	8.5.6 Überwachung von Änderungen	7.3.7 Lenkung von Entwicklungsänderungen	
DO	8.6 Freigabe von Produkten und Dienstleistungen	7.4.3 Verifizierung von beschafften Produkten 8.2.4 Überwachung und Messung des Produkts	
DO	8.7 Steuerung nichtkonformer Ergebnisse	8.3 Lenkung fehlerhafter Produkte	Es gibt die Anforderung zur Aufbewahrung der dokumentierten Information bezüglich der ergriffenen Maßnahmen, einschließlich Abweichungen und Freigaben.
CHECK	9 Bewertung der Leistung	8 Messung, Analyse und Verbesserung	
CHECK	9.1 Überwachung, Messung, Analyse und Bewertung	8 Messung, Analyse und Verbesserung	Die Bewertung von Ergebnissen bei Messungen und Analysen wird stärker betont. Die Überwachung muss das Risiko berücksichtigen. Es findet kein Bezug mehr auf Vorbeugungsmaßnahmen und statistische Techniken statt.

2.4 Tabellarische Gegenüberstellung

PDCA-Zyklus	DIN EN ISO 9001:2015	DIN EN ISO 9001:2008	Anforderungen
CHECK	9.1.1 Allgemeines	8.1 Allgemeines 8.2.3 Überwachung und Messung von Prozessen	
CHECK	9.1.2 Kundenzufriedenheit	8.2.1 Kundenzufriedenheit	
CHECK	9.1.3 Analyse und Bewertung	8.4 Datenanalyse	
CHECK	9.2 Internes Audit	8.2.2 Internes Audit	Ein dokumentiertes Verfahren ist nicht mehr erforderlich.
CHECK	9.3 Managementbewertung	5.6 Managementbewertung	Der allgemeine Zweck bleibt derselbe, doch die Eingaben sollen strategische Elemente bezüglich Risiken, Kontext und Möglichkeiten enthalten. Tendenzen und Indikatoren sollten verwendet werden, um die Qualitätsleistung zu überwachen.
CHECK	9.3.1 Allgemeines	5.6.1 Allgemeines	
CHECK	9.3.2 Eingaben für die Managementbewertung	5.6.2 Eingaben für die Bewertung	
CHECK	9.3.3 Ergebnisse für die Managementbewertung	5.6.3 Ergebnisse der Bewertung	

2.4 Tabellarische Gegenüberstellung
2 Gegenüberstellung DIN EN ISO 9001:2008/DIN EN ISO 9001:2015

PDCA-Zyklus	DIN EN ISO 9001:2015	DIN EN ISO 9001:2008	Anforderungen
ACT	**10 Verbesserung**	**8.5 Verbesserung**	
ACT	10.1 Allgemeines	8.5.1 Ständige Verbesserung	Die Verbesserungen beziehen sich auf Prozess, Produkt und QMS. Die Vorbeugungsmaßnahmen aus der DIN EN ISO 9001:2008 wurden entfernt. Es wurden „Maßnahmen bezüglich Risiken und Möglichkeiten", die im Wesentlichen vorbeugende Maßnahmen umfassen, eingeführt.

2.4 Tabellarische Gegenüberstellung
2 Gegenüberstellung DIN EN ISO 9001:2008/DIN EN ISO 9001:2015

PDCA-Zyklus	DIN EN ISO 9001:2015	DIN EN ISO 9001:2008	Anforderungen
ACT	10.2 Nichtkonformität und Korrekturmaßnahmen	8.3 Lenkung fehlerhafter Produkte 8.5.2 Korrekturmaßnahmen	Hierbei handelt es sich um zwei Teile. Der erste Teil bezieht sich auf die Reaktion der Nichtkonformität, und der zweite Teil bezieht sich auf die Vorbeugung des erneuten Auftretens vergleichbarer Nichtkonformitäten durch Korrekturmaßnahmen, einschließlich der ggf. erforderlichen Änderungen am QMS.
ACT	10.3 Fortlaufende Verbesserung	8.5.1 Ständige Verbesserung 8.5.3 Kennzeichnung und Rückverfolgbarkeit	

2.4 Tabellarische Gegenüberstellung
2 Gegenüberstellung DIN EN ISO 9001:2008/DIN EN ISO 9001:2015

3 Grundlagen des Qualitätsmanagements

Das Wort „Qualitätsmanagement" ersetzte den damaligen Oberbegriff „Qualitätssicherung" seit März 1992 in der Norm DIN EN ISO 8402. Die jeweilige Terminologie der Begriffe finden Sie immer in der Norm DIN EN ISO 9000. Die neueste Version ist die DIN EN ISO 9000:2015.

Qualitätsmanagementnormen sind uns erst seit dem 20. Jahrhundert bekannt.

Im Jahr 1987 wurde weltweit die erste Qualitätsmanagementnorm ISO 9001:1987 veröffentlicht.

Weltweit fanden Organisationen darin einen wirtschaftlichen Nutzen. Sie wurde auch als Voraussetzung für Lieferungen im Wirtschaftsverkehr genommen.

Damit wurde sie mit einem Anteil von über 1,1 Millionen zertifizierten Organisationen weltweit zur populärsten Norm. Europa und Asien spielen hierbei eine Vorreiterrolle. Knapp eine halbe Million Zertifikate europaweit und mehr als 50.000 Zertifikate in Deutschland spiegeln das wider.

Im Laufe der Revisionen hat sich die ISO 9001 vor allem mit dem „prozessorientierten Ansatz" der großen Revision im Jahre 2000 immer stärker in den Fokus aller Organisationen geschoben. Gerade mit dem fortschreitenden digitalen Zeitalter, der Globalisierung und der industriellen Vernetzung hat dieser Ansatz sehr große Impulse gebracht und der Qualitätsmanagementnorm ISO 9001 eine noch stärkere Akzeptanz.

In der Revision 2008 konnten damals u. a. aus Zeitgründen nicht alle notwendigen Änderungen untergebracht werden.

3 Grundlagen des Qualitätsmanagements

In der nun vorliegenden neuen Revision DIN EN ISO 9001:2015 hat sich das technische Komitee ISO/TC 176 die Zeit genommen, alle geplanten Änderungen sorgfältig einzuarbeiten, abzustimmen und zu verabschieden.

Die Norm DIN EN ISO 9000:2005 wurde neu gefasst als „DIN EN ISO 9000:2015", zudem wurden die Grundsätze des Qualitätsmanagements aus Abschnitt 0.2 in die DIN EN ISO 9001:2015 in Abschnitt 0.2 übernommen.

Eine weitergehende Erklärung der Grundsätze erfolgt diesmal in der DIN EN ISO 9000:2015. In Abschnitt 2.3 dieser Norm werden die 7 Grundsätze nicht nur als Aussage definiert, sondern auch mit einer Begründung, den Hauptvorteilen sowie den möglichen Maßnahmen beschrieben. Die Bezeichnung der Grundsätze wurde zum Teil geringfügig geändert und die Zahl der Grundsätze verringert:

- Der „prozessorientierte Ansatz" und der „systemorientierte Managementansatz" wurden zu dem Grundsatz **„Prozessorientierter Ansatz"** zusammengefasst.
- Aus „Engagement von Personen" wurde **„Einbeziehung von Personen"**.
- Aus „Ständige Verbesserung" wurde **„Verbesserung"**.
- Aus „Sachbezogener Ansatz zur Entscheidungsfindung" wurde **„Faktengestützte Entscheidungsfindung"**.
- Aus „Lieferantenbeziehungen zum gegenseitigen Nutzen" wurde **„Beziehungsmanagement"**.

> **! Hinweis**
>
> Die 7 Grundsätze des Qualitätsmanagements:
> 1. Kundenorientierung
> 2. Führung
> 3. Einbeziehung von Personen
> 4. Prozessorientierter Ansatz
> 5. Verbesserung
> 6. Faktengestützte Entscheidungsfindung
> 7. Beziehungsmanagement

3.1 Grundsätze des Qualitätsmanagements

Im Folgenden finden Sie eine tabellarische Auflistung der Grundsätze des Qualitätsmanagements. Zu jedem Grundsatz gibt es eine kurze Aussage und eine Begründung. Des Weiteren werden in den beiden rechten Spalten mögliche wichtige Vorteile genannt und mögliche Maßnahmen angeführt.

3.1 Grundsätze des Qualitätsmanagements
3 Grundlagen des Qualitätsmanagements

3.1 Grundsätze des Qualitätsmanagements	Aussage	Begründung	Etwaige mögliche Hauptvorteile sind	Mögliche Maßnahmen umfassen
Kundenorientierung	– Erfüllung der Kundenanforderungen – Bestrebung, die Kundenerwartungen zu übertreffen	– Nachhaltiger Erfolg = die Organisation gewinnt das Vertrauen der Kunden und anderen relevanten interessierten Parteien und bewahrt es auch. – Mehrwert generieren durch jeden Kundenkontakt – Nachhaltiger Erfolg der Organisation bedeutet auf die Bedürfnisse von Kunden und anderen interessierten Parteien einzugehen.	– Imagegewinn – Steigerung des Ansehens der Organisation – Steigerung der Einnahmen – Ausbau der Marktanteile – Steigerung der Kundenbindung – Höhere Folgegeschäfte – Wachsende Kundenzufriedenheit – Ausbau des Kundenstammes	– Die Produkte und Dienstleistungen so planen, entwickeln, herstellen, liefern und unterstützen, dass Kundenerwartungen und -anforderungen erfüllt werden. – Kommunikation der Kundenerfordernisse und die -erwartungen in der gesamten Organisation. – Verständnis für die gegenwärtigen und zukünftigen Kundenerfordernisse und -erwartungen generieren. – Durch aktives Management der Kundenbeziehungen nachhaltigen Erfolg sichern.

3.1 Grundsätze des Qualitätsmanagements

3.1 Grundsätze des Qualitätsmanagements	Aussage	Begründung	Etwaige mögliche Hauptvorteile sind	Mögliche Maßnahmen umfassen
Führung	Das Erreichen der Qualitätsziele der Organisation wird dadurch sichergestellt, dass Führungskräfte in allen Bereichen der Organisation eine Übereinstimmung von Zweck und Ausrichtung sowie Bedingungen schaffen, damit Personen sich dafür engagieren können.	Das Erreichen der Ziele einer Organisation durch Anpassung ihrer Strategien, Politiken, Prozesse und Ressourcen wird durch das Schaffen der Übereinstimmung von Zweck und Ausrichtung unter Einbeziehung der Personen ermöglicht.	– Kommunikationsverbesserung zwischen allen Bereichen, Funktionen und Ebenen einer Organisation. – Verbesserung der Prozesse innerhalb der Organisation. – Die Erfüllung der Qualitätsziele einer Organisation kann durch Führung zu einer gesteigerten Wirksamkeit und Effizienz führen.	– Die Kommunikation der organisationseigenen Mission, Vision, Strategie, Politiken, Prozesse und Ziele in der gesamten Organisation. – Einstehen für eine organisationsweite Qualitätsverpflichtung. – Gemeinsame Werte, Fairness und Leitbilder ethischen Verhaltens in allen Bereichen der Organisation schaffen, fördern und aufrechterhalten.

3.1 Grundsätze des Qualitätsmanagements
3 Grundlagen des Qualitätsmanagements

3.1 Grundsätze des Qualitätsmanagements	Aussage	Begründung	Etwaige mögliche Hauptvorteile sind	Mögliche Maßnahmen umfassen
Engagement von Personen	In der gesamten Organisation sind Personen wesentlich, die kompetent, engagiert und befugt sind. Sie erbringen die Fähigkeit, die Organisation zu verbessern, Werte zu schaffen und zu verbessern.	Alle Personen in allen Bereichen sollten einbezogen und respektiert werden. Das ist wichtig, um eine Organisation wirksam und effizient zu führen und zu lenken. Das Erreichen der Qualitätsziele einer Organisation wird durch das Einbeziehen von Personen erleichtert. Dieses gelingt u. a. durch Anerkennung, Befähigung und Förderung von Kompetenz.	– Eine höhere Zufriedenheit der Personen. – Verbesserung der Prozesse innerhalb der Organisation. – Verbesserung der Zusammenarbeit innerhalb der gesamten Organisation. – Gesteigertes Vertrauen. – Eine gesteigerte Motivation, um die Qualitätsziele zu erreichen. – Verbesserte Einbeziehung von Personen in Verbesserungstätigkeiten.	– Die Förderung einer guten Zusammenarbeit in der gesamten Organisation – Erleichterung des Teilens von Wissen sowie Erfahrung, das führt wiederum zu offenen Diskussionen. – Das Herausheben der Bedeutung und Wichtigkeit der Mitwirkung jeder einzelnen Person. – Befragungen, um herauszufinden und zu bewerten, ob die Personen zufrieden sind, Bekanntgabe der Ergebnisse und Abstellen und Ergreifen geeigneter Maßnahmen.

3.1 Grundsätze des Qualitätsmanagements

3.1 Grundsätze des Qualitätsmanagements	Aussage	Begründung	Etwaige mögliche Hauptvorteile sind	Mögliche Maßnahmen umfassen
Prozessorientierter Ansatz	Tätigkeiten, die als zusammenhängende Prozesse in einem kohärenten System geführt und gesteuert werden, erzielen wirksamer und effizienter ein beständiges und vorhersehbares Ergebnis.	Vor allem zusammenhängende Prozesse machen ein Qualitätsmanagementsystem aus. Allein das Verstehen, wie durch dieses System Ergebnisse erzielt werden, bringt eine Organisation in die Lage, das System und seine Leistung zu optimieren.	– Die Ergebnisse sind beständiger, insbesondere wenn sie durch ein System angepasster Prozesse erzielt werden. – Durch den prozessorientierten Ansatz gelingt es der Organisation, interessierten Parteien Vertrauen zu vermitteln. Dadurch wächst das Vertrauen in Beständigkeit, Wirksamkeit und Effizienz. – Durch den prozessorientierten Ansatz bekommt die Organisation beständige, kontinuierliche und vorhersehbare Ergebnisse durch ein System angepasster Prozesse.	– Das Vorhandensein der Ausstattung mit den notwendigen Befugnissen, der Verantwortung und der Rechenschaftspflicht für das Führen und Steuern von Prozessen. – Klarheit vor Beginn der jeweiligen Maßnahmen über eine mögliche Einschränkung von Ressourcen, ferner muss Klarheit über das Verstehen der Fähigkeiten der Organisation da sein.

3.1 Grundsätze des Qualitätsmanagements
3 Grundlagen des Qualitätsmanagements

3.1 Grundsätze des Qualitätsmanagements	Aussage	Begründung	Etwaige mögliche Hauptvorteile sind	Mögliche Maßnahmen umfassen
Verbesserung	Organisationen, die erfolgreich sein wollen, haben ihren Fokus fortwährend auf dem Punkt Verbesserung.	Das Leistungsniveau muss aufrechterhalten werden, auf interne und externe Bedingungen muss entsprechend reagiert werden, auch um neue Chancen zu erreichen. Für eine Organisation sind Verbesserungen wesentlich.	– Verstärkung des Augenmerks auf die Vorbeugungs- und Korrekturmaßnahmen, ebenso wie auf eine Ursachenuntersuchung und -bestimmung. – Die bessere Anwendung des Lernens, hauptsächlich zum Ziel einer Verbesserung.	– Die Förderungen des Einführens von Verbesserungszielen in allen Bereichen der Organisation. – Die Anwendung grundlegender Werkzeuge und Verfahren zum Erreichen der Verbesserungsziele und die Schulung und Ausbildung der Personen aller Ebenen. – Die Sicherstellung der Kompetenz aller Personen und ihrer Fähigkeit Daten wie benötigt zu analysieren und zu bewerten.

3.1 Grundsätze des Qualitätsmanagements

3.1 Grundsätze des Qualitätsmanagements	Aussage	Begründung	Etwaige mögliche Hauptvorteile sind	Mögliche Maßnahmen umfassen
Faktengestützte Entscheidungsfindung	Zu den gewünschten Ergebnissen gelangen Organisationen eher, wenn sie Daten und Informationen analysieren und auswerten.	Die Entscheidungsfindung weist durch ihre Komplexität immer eine gewisse Unsicherheit auf. Nicht nur die Art der Eingabe oder deren Quelle ist dabei wichtig, vielmehr auch deren – subjektive – Interpretation. Dabei ist es nicht nur entscheidend, die Zusammenhänge von Ursache und Wirkung zu verstehen, sondern gerade auch mögliche unbeabsichtigte Folgen davon.	– Die Verbesserung des Prozesses der Entscheidungsfindung. – Die mögliche Fähigkeit, bei früher getroffenen Entscheidungen die Wirksamkeit aufzuzeigen. – Die mögliche Fähigkeit, früher getroffener Meinungen und Entscheidungen gegen zu prüfen, u. a. auch infrage zu stellen und ggf. zu ändern.	– Die Darstellung der Organisationsleistung, um Kennzahlen zu bestimmen, zu messen und zu überwachen. – Zur Verfügung stellen aller erforderlichen Daten zur Entscheidungsfindung für die relevanten Personen der Organisation. – Die Sicherstellung der ausreichenden Präzision aller zur Verfügung gestellten Daten und Informationen.

3.1 Grundsätze des Qualitätsmanagements
3 Grundlagen des Qualitätsmanagements

3.1 Grundsätze des Qualitätsmanagements	Aussage	Begründung	Etwaige mögliche Hauptvorteile sind	Mögliche Maßnahmen umfassen
Beziehungsmanagement	Mit interessierten Parteien, z. B. Anbietern, Behörden, Banken werden die Beziehungen der Organisation gesteuert, um nachhaltigen Erfolg zu haben.	Die Leistung einer Organisation kann relevante interessierte Parteien beeinflussen. Die Organisation sollte Beziehungen zu all ihren interessierten Parteien führen und steuern. Deren Auswirkungen optimieren die eigene Leistung. Vor allem wird mit einer höheren Wahrscheinlichkeit ein nachhaltiger Erfolg erreicht.	– Durch die richtige Reaktion auf die Möglichkeiten und auch Einschränkungen bezüglich jeder interessierten Partei wird nicht nur die Leistung der Organisation, sondern auch ihrer relevanten interessierten Parteien verbessert. – Durch eine gemeinsame Nutzung der Ressourcen und Kompetenzen sowie einer gemeinsamen Steuerung der qualitätsbezogenen Risiken ergibt sich eine verbesserte Fähigkeit zur Wertschöpfung für die jeweils interessierten Parteien.	– Das Bestimmen relevanter interessierter Partner (z. B. Lieferanten, Kunden, Partner, Investoren, Mitarbeiter, die nähere Umgebung des Unternehmens oder die Gesellschaft als Ganzes) und ihrer Beziehung zur Organisation. – Der Austausch mit relevanten Parteien über das Sammeln und Teilen von Informationen, dem Expertenwissen, vorhandenes Know-how und etwaigen Ressourcen. – Der Austausch bei Anbietern und Partnern von Verbesserungen

3.1 Grundsätze des Qualitätsmanagements

3.1 Grundsätze des Qualitätsmanagements	Aussage	Begründung	Etwaige mögliche Hauptvorteile sind	Mögliche Maßnahmen umfassen
				und Erfolgen, die angeregt und anerkannt werden sollten. – die Einführung gemeinschaftlicher Entwicklungs- und Verbesserungstätigkeiten mit Anbietern, Partnern und anderen interessierten Parteien.

3.1 Grundsätze des Qualitätsmanagements
3 Grundlagen des Qualitätsmanagements

Somit sind die sieben Grundsätze des Qualitätsmanagements jetzt umfassender in der neuen DIN EN ISO 9001:2015 erläutert.

Der Abschnitt 2 wurde grundlegend überarbeitet und umfasst nun, neben den sieben Grundsätzen des Qualitätsmanagements, eine Beschreibung der grundlegenden Konzepte und Grundsätze des Qualitätsmanagements:

- Qualität
- Qualitätsmanagementsystem
- Interessierte Parteien
- Kontext einer Organisation
- Unterstützung der Leitung
- Bewusstsein
- Kommunikation

sowie eine Beschreibung des dem Qualitätsmanagementsystem zugrunde liegenden Modells und wie das Qualitätsmanagementsystem im Einklang mit dem PDCA-Modell entwickelt werden kann.

Es wurden weiterhin neue Begriffe hinzugefügt sowie Begriffe in Abschnitt 3 kategorisiert, einige bestehende Definitionen wurden angepasst, Begriffsdiagramme geändert sowie die deutsche Übersetzung verbessert und die Norm redaktionell überarbeitet.

In der DIN EN ISO 9000:2015 werden die Begriffe „Qualität", „Qualitätsmanagementsystem", „Kontext der Organisation", „Interessierte Parteien", „Unterstützung", „Personen", „Kompetenz", „Bewusstsein" und „Kommunikation" grundlegend definiert. Für ein besseres Verständnis finden Sie im Folgenden Interpretationen der Normdefinitionen.

Qualität
Legt eine Organisation Wert auf Qualität, bedeutet das, sie beachtet die konkreten Erfordernisse und Erwartungen von Kunden sowie von allen für die Organisation relevanten interessierten Parteien. Die Organisationskultur ist auf die Förderung bestimmter Verhaltensweisen, Einstellungen und Prozesse, die eben diese Produkte und/oder Dienstleistungen schaffen, ausgerichtet. Die Qualität derselben wird durch die Fähigkeit der Organisation, ihre Kunden und interessierten Parteien

zufriedenzustellen, geprägt. Diese Zufriedenheit, und damit eben auch die Qualität, bestimmen sich nicht nur aus den faktischen Funktionen und Leistungen, sondern auch aus dem subjektiven, vom Kunden wahrgenommenen Nutzen und Wert des Produktes oder der Dienstleistung.

Qualitätsmanagementsystem

Ein Qualitätsmanagementsystem besteht aus Tätigkeiten und Maßnahmen, mit Hilfe derer eine Organisation ihre Prozesse und Ressourcen bestimmt und ermittelt, um ihre gesteckten Ziele und Ergebnisse (z. B. für relevante interessierte Parteien) zu erreichen.

Diese Prozesse und Ressourcen stehen in einer gewissen Wechselwirkung zueinander. Sie zu führen und zu steuern ist Aufgabe des QMS. Dadurch ist der obersten Leitung die Möglichkeit gegeben, den Einsatz ihrer Ressourcen unter Berücksichtigung aller lang- und kurzfristigen Folgen zu optimieren. Durch das QMS werden Mittel zur Verfügung gestellt, mit denen Maßnahmen ausgemacht werden können, um auf eventuelle (un-)beabsichtigte Folgen, die bei der Bereitstellung ihrer Produkte/Dienstleistungen auftreten können, zu reagieren.

Kontext einer Organisation

Den Kontext einer Organisation zu verstehen, ist ein Prozess. Dessen Faktoren wirken auf Zweck, Ziele und Nachhaltigkeit eben dieser Organisation ein. Es werden interne (z. B. Organisationskultur) und externe (z. B. ökonomisches Umfeld) Faktoren berücksichtigt.

Interessierte Parteien

Der Fokus des Begriffes „interessierte Parteien" liegt nicht allein auf dem Kunden einer Organisation. Es werden alle relevanten Parteien (z. B. auch Lieferanten, Wettbewerber etc.) betrachtet.

Um den Kontext einer Organisation richtig zu verstehen, ist es wichtig, deren interessierte Parteien korrekt auszumachen. Sie können unter Umständen ein erhebliches Risiko für die Nachhaltigkeit der Organisationen darstellen. So z. B., wenn ihre Erfordernisse und Erwartungen nicht erfüllt werden. Um dieses Risiko für die Organisation zu verringern, legt die Organisation im Vorfeld bereits die Ergebnisse fest, die sie den interessierten Parteien zur Verfügung stellt.

Der Organisationserfolg ist davon abhängig, daher ist es auch wichtig für die Organisationen, sich die Unterstützung ihrer interessierten Parteien zu sichern.

Unterstützung

Erfährt das QMS durch die oberste Leitung und durch das Engagement von Personen Unterstützung, können angemessene Ressourcen bereitgestellt werden und geeignete Maßnahmen durchgeführt werden. Auch die Überwachung von Prozessen und Ergebnissen oder die Bestimmung und Beurteilung von Risiken und Chancen sind so möglich. Wichtig bei der Unterstützung der Organisation beim Erreichen ihrer Ziele ist das verantwortungsvolle Heranbringen, Zur-Verfügung-Stellen und Verbessern von Ressourcen.

Personen

Die wichtigsten Ressourcen einer Organisation sind deren Personen, denn die oberste Leitung ist von deren Verhalten innerhalb des Systems abhängig. Daher ist eine Verbundenheit der Personen durch ein einheitliches Verständnis und eine gemeinsame Verpflichtung ihrer Qualitätspolitik und Ziele sehr wichtig.

Kompetenz

Die Erlangung der jeweiligen Kompetenz liegt im Verantwortungsbereich der obersten Leitung. Sie muss den Personen die Möglichkeit zur Schaffung eben dieser Kompetenzen bieten. Ein QMS ist nur dann am wirksamsten wenn alle Personen ihre Fähigkeiten und Erfahrungen durch Schulung oder Ausbildung verstanden haben und in ihren jeweiligen Rollen und Verantwortungsbereichen ausüben können.

Bewusstsein

Personen müssen sich bewusst darüber sein, worin ihre Verantwortlichkeiten liegen und wie sie durch ihre Handlungen und Tätigkeiten zur Zielerreichung beitragen können.

Kommunikation

Die Kommunikation sollte stets geplant und wirksam sein, so kann sie das Engagement und Verständnis von Personen optimal verbessern. Es gibt die interne Kommunikation (d. h. innerhalb der Organisation) und auch die externe Kommunikation (z. B. mit interessierten Parteien).

3.2 Grundsätzliches zum Qualitätsmanagement (QM)

Unter Qualitätsmanagement werden alle Maßnahmen organisatorischer Art verstanden, die zur Verbesserung der Qualität von Prozessen dienen. Damit haben sie unmittelbar Einfluss auf die Qualität von Produkten bzw. Leistungen.

Dabei gibt es verschiedene Qualitätsmanagement-Modelle.

Die bekanntesten sind die DIN EN ISO 9001 sowie das EFQM-Modell (europäisches TQM-Modell).

Wie in Abschnitt 4.4 der Norm beschrieben, muss die Organisation entsprechend den Anforderungen der DIN EN ISO 9001:2015 ein Qualitätsmanagementsystem aufbauen, verwirklichen, aufrechterhalten und fortlaufend verbessern, einschließlich der benötigten Prozesse und ihrer Wechselwirkungen.

Die Organisation muss die Prozesse bestimmen, die für das Qualitätsmanagementsystem benötigt werden, sowie deren Anwendung innerhalb der Organisation festlegen.

3.2.1 Prozessorientierung

Bei der Prozessorientierung werden die Kräfte der Organisation auf die Produktionsschritte fokussiert und nicht auf das einzelne Produkt.

> **! Hinweis**
>
> Die Qualität des Herstellungsprozesses bestimmt die Qualität des Produktes.
> Fehlerfreie Produkte setzen einen fehlerfreien Prozess voraus.

3.2 Grundsätzliches zum Qualitätsmanagement (QM)
3 Grundlagen des Qualitätsmanagements

Damit steigert die Prozessorientierung:

- die Kundenzufriedenheit durch den höheren Kundennutzen (Imagegewinn, bessere Verkaufsargumente)
- die Innovationskraft der Organisation durch eine flexiblere Organisation
- die Qualität der Produkte bei niedrigeren Produktkosten
- die Produktivität von Mitarbeitern, Teams, Projekten und Unternehmen

Im Prinzip organisiert sich die Prozessorientierung nicht an den Abteilungen der Organisation. Das Produkt durchläuft nicht mehr die Abteilungen, sondern die Abteilungen bzw. die Funktionen sind den Produktionsschritten zugeordnet.

Es werden sämtliche Produktionsschritte, die zur Herstellung eines Produktes benötigt werden, zu einer organisatorischen Einheit zusammengefasst. Man spricht vom Produktions- bzw. vom Wertschöpfungsprozess.

Ein prozessorientiertes Qualitätsmanagementsystem enthält alle wesentlichen betrieblichen Prozesse.

Die folgenden Funktionen sind bei der Prozessorientierung klar definiert:

- die Regelung der Verantwortung für Prozesse und insbesondere für Prozessschritte
- die Schnittstellen zwischen den Prozessen und den Prozessschritten
- der Ablauf und die Bedingungen der Prozessschritte
- die Überwachung der Durchführung der Prozesse
- die Identifikation von Verbesserungsmöglichkeiten

In der Norm unter 0.3 wird der prozessorientierte Ansatz beschrieben. Dort heißt es u. a., dass diese Norm die Umsetzung eines prozessorientierten Ansatzes bei der Entwicklung, Verwirklichung und Verbesserung der Wirksamkeit eines Qualitätsmanagementsystems fördert, um die Kundenzufriedenheit durch Erfüllen der Kundenanforderungen zu erhöhen.

3.2 Grundsätzliches zum Qualitätsmanagement (QM)
3 Grundlagen des Qualitätsmanagements

Spezifische Anforderungen, die für die Umsetzung eines prozessorientierten Ansatzes von wesentlicher Bedeutung sind, sind in Abschnitt 4.4 enthalten.

Das Verstehen und Steuern zusammenhängender Prozesse als ein System trägt zur Wirksamkeit und Effizienz einer Organisation beim Erreichen ihrer beabsichtigten Ergebnisse bei.

Dieser Ansatz ermöglicht der Organisation, die Zusammenhänge und Wechselbeziehungen von Prozessen des Systems so zu steuern, dass die Gesamtleistung der Organisation verbessert werden kann.

Um die Zielsetzungen der Qualitätspolitik und die strategische Ausrichtung der Organisation aufeinander abzustimmen, umfasst der prozessorientierte Ansatz die Steuerung von Prozessen und deren Wechselwirkungen sowie die systematische Festlegung. Anhand des PDCA-Zyklus kann die Steuerung der Prozesse und die des gesamten Systems erfolgen. Der Fokus liegt dabei auf risikobasiertem Denken, um somit ungewollte Ergebnisse zu verhindern und Chancen zu nutzen.

Durch die Nutzung des prozessorientierten Ansatzes in einem Qualitätsmanagementsystem kann eine wirksame Prozessleistung erzielt werden. Außerdem werden gegebene Anforderungen und deren fortlaufende Einhaltung verstanden. Auf Grundlage der Bewertung von Daten und Informationen können Prozesse verbessert und im Hinblick auf Wertschöpfung betrachtet werden.

Bild 1 der Norm zeigt eine schematische Darstellung eines Prozesses und die Wechselwirkungen seiner Elemente. Die für die Steuerung benötigten Kontrollpunkte zur Überwachung und Messung sind für jeden Prozess spezifisch und ändern sich in Abhängigkeit von den damit zusammenhängenden Risiken.

3.2 Grundsätzliches zum Qualitätsmanagement (QM)
3 Grundlagen des Qualitätsmanagements

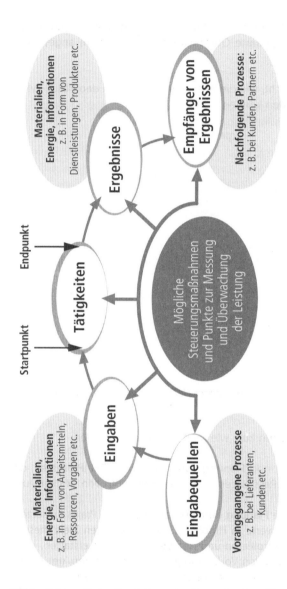

Bild 1: Schematische Darstellung der Elemente eines Einzelprozesses (Quelle: DIN EN ISO 9001:2015)

3.2 Grundsätzliches zum Qualitätsmanagement (QM)
3 Grundlagen des Qualitätsmanagements

Der PDCA-Zyklus („Planen-Durchführen-Prüfen-Handeln") kann für alle Prozesse und das gesamte Qualitätsmanagementsystem angewendet werden.

Bild 2 veranschaulicht, wie die Abschnitte 4 bis 10 in den PDCA-Zyklus eingebunden werden können.

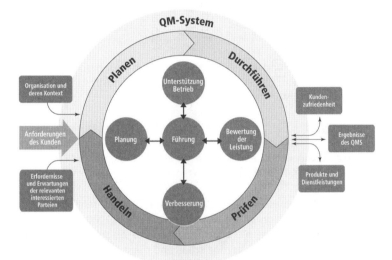

Bild 2: Darstellung der Struktur dieser Norm im PDCA-Zyklus (Quelle: DIN EN ISO 9001:2015)

Der PDCA-Zyklus kann kurz wie folgt beschrieben werden:

- Plan: Festlegung und Planung von Zielen und (Teil-)Prozessen, das Festlegen von Ressourcen und das Ermitteln von Risiken und Chancen.
- Durchführen: Die Planung durchführen und in die Praxis umsetzen.
- Prüfen: Alle Planwerte in Hinblick auf die gesteckten Ziele messen, überwachen, kontrollieren und ggf. Bericht darüber erstatten.
- Handeln: Ergreifen von Vorkehrungen und Maßnahmen, um Abweichungen zu vermeiden und die Leistung zu verbessern.

3.2.2 Risikobasiertes Denken

Der bereits aus der Vorgänger-Norm bekannte Ansatz des risikobasierten Denkens wird in der neuen Norm stärker wieder aufgegriffen. So werden hier folgende Anforderungen an die Organisationen festgelegt:

- Verstehen ihres Kontextes
- Bestimmen der Risiken und Chancen

So ist die Anwendung des risikobasierten Denkens bei der Planung und Umsetzung von Prozessen sowie bei der Umfangsbestimmung der dokumentierten Informationen dargestellt.

Mehr dazu finden Sie auch unter 0.3.3 „Risikobasiertes Denken", sowie unter 6.1 „Maßnahmen zum Umgang mit Chancen und Risiken", im Anhang A (Erläuterung der neuen Struktur, Terminologie und Konzepte) und im Anhang A4 „Risikobasiertes Denken".

Ebenfalls ist Risikomanagement in der Norm ISO 31000 sehr ausführlich beschrieben. Diese Norm bzw. Normenfamilie ISO 31000 ff. (Risikomanagement) ist allerdings nicht zertifizierbar. Die österreichische Norm ONR 49000 ff. ist hingegen zertifizierbar und dient als Umsetzungshilfe für das Risikomanagement nach der ISO 31000.

Allerdings sind die Ansätze der DIN EN ISO 9001 nicht dafür ausgerichtet, ein komplettes Risikomanagement nach der Norm ISO 31000 einzuführen. Wer sich intensiver in das Risikomanagement einlesen möchte, der kann sich bei der ONR 49000 ff. und der ISO 31000 Hilfe dazu holen.

Es sind keine konkreten formellen Methoden für das Risikomanagement einer Organisation oder für die Dokumentation des dazugehörigen Prozesses gefordert. Die Norm nennt lediglich die Anforderung, dass Maßnahmen zur Behandlung von Risiken zu planen sind.

Organisationen können entscheiden, ob sie eine ausgedehntere Vorgehensweise für den Umgang mit Risiken entwickeln möchten, als von dieser internationalen Norm gefordert wird, z. B. durch die Anwendung anderer Normen (ISO 31000).

3.2 Grundsätzliches zum Qualitätsmanagement (QM)
3 Grundlagen des Qualitätsmanagements

Die unterschiedlichen Prozesse eines QMS bilden häufig auch einen unterschiedlichen Risikograd ab, gerade in Bezug auf die Fähigkeit der jeweiligen Organisation, Ziele zu erreichen, oder die Auswirkungen von Unsicherheiten. Die Organisationen tragen selbst die Verantwortung für die Entscheidung, inwiefern die dokumentierten Informationen aufzubewahren sind, ebenso wie für die Anwendung des risikobasierten Denkens und das Einleiten von Maßnahmen, die ein Risiko behandeln.

> **! Hinweis**
>
> Risiken sind durchaus nicht immer negativ zu verstehen, sondern auch als positiv anzusehen.

Um ein wirksames QMS zu erreichen, ist das Konzept des risikobasierten Denkens unabdingbar. Dieser Ansatz ist nicht neu und war schon in den Vorgängerversionen der Norm enthalten. Für eine korrekte Erfüllung der gestellten Anforderungen ist die Planung und Umsetzung von Maßnahmen zur Behandlung von Risiken und Chancen gefordert.

Dies bildet die Grundlage, um die Wirksamkeit des QMS zu erhöhen, verbesserte Ergebnisse zu erreichen und negative Folgen weitestgehend zu vermeiden.

Die Betrachtung von Risiken kann übrigens auch eine Maßnahme zur Behandlung von Chancen sein.

> **Praxistipp**
>
> Die Auswirkungen/Folgen von Ungewissheiten bezeichnet man auch als Risiken. Es kann sich dabei um positive oder auch negative Auswirkungen handeln. So kann zum Beispiel eine positive Abweichung aus einem Risiko durchaus auch eine Chance darstellen – jedoch nicht zwangsläufig.

3.2.3 Wissensmanagement oder Wissen der Organisation

Eines gleich vorweg: Der Begriff „Wissensmanagement" kommt in der DIN EN ISO 9001:2015 nicht vor. Dafür aber der Umgang mit dem „Wissen der Organisation".

 Praxistipp

In der Norm DIN EN ISO 9001:2015 gibt es den Abschnitt A.7 „Wissen der Organisation". Hier finden Sie konkretere Informationen zum Umgang mit Wissen.

Die erfolgreiche Umsetzung des Qualitätsmanagementsystems setzt ein umfassendes Wissen über Qualitätsmanagementsysteme, Qualitätsphilosophien, Qualitätswerkzeuge, Führungsinstrumente, Methoden und Standards voraus und stellt hohe Anforderungen an alle Beteiligten. Da mit dem Qualitätsmanagement beauftragte Mitarbeiter häufig nicht freigestellt sind, sondern diese Aufgabe zusätzlich erledigen, fehlt oft Zeit und Wissen für eine effektive Umsetzung. Der Ruf nach ständiger Verbesserung und Weiterentwicklung verlangt zudem ständig neue Impulse und eine hohe Motivation von allen Beteiligten.

Forderungen aus der Norm sind:

- Eine Organisation muss das für ihre Prozesse und qualitätskonformen Produkte und Dienstleistungen notwendige Wissen bestimmen.
- Sie muss das Wissen aufrechterhalten. Dies heißt nicht nur sichern und bewahren, sondern auch, wo notwendig, kontinuierlich weiterentwickeln und damit aktuell halten.
- Wann immer erforderlich muss fehlendes Wissen durch die Organisation erworben werden, und zwar nicht nur aus externen Quellen sondern auch aus internen, d. h. durch ein systematisches Lernen aus eigenen Erfahrungen, durch das Ableiten von Erkenntnis aus eigenen Daten und Informationen.

3.2 Grundsätzliches zum Qualitätsmanagement (QM)
3 Grundlagen des Qualitätsmanagements

- Vorhandenes Wissen muss in der Organisation vermittelt werden. Der Begriff „vermitteln" bedeutet dabei aber mehr als nur das Zur-Verfügung-Stellen. Vermitteln impliziert die Intention, Verständnis beim Wissensnehmer zu erzeugen und dessen Lernprozess wirkungsvoll zu unterstützen.

 Praxistipp

In Abschnitt 7.1.6 „Wissen der Organisation" wird beschrieben, wie mit Wissen in der Organisation umzugehen ist.

Wie das Wissen in der Organisation umgesetzt werden soll, dazu macht die Norm keine Vorschriften. Es kommt vielmehr darauf an, ein für die jeweilige Organisation passendes Instrument für den Aufbau von Wissen zu installieren. Es gibt also zahlreiche Gründe, sich als Organisation mit dem Thema Wissensmanagement zu beschäftigen, d. h. der systematischen und zielgerichteten Nutzung und (Weiter-)Entwicklung der Ressource Wissen auseinander zu setzen.

Die Umsetzung kann über eine geeignete Personalentwicklung, über kommunikationsfördernde Maßnahmen bis hin zu IT-gestützten Datenbanklösungen gehen. Je nach Organisationsgröße und Art der Daten sind zum Teil auch individuelle Lösungen gefragt.

Eine mögliche Darstellung wäre eine Wissenslandkarte. Eine Wissenslandkarte ist eine grafische Darstellung von Wissensgebieten oder auch Daten- und Informationsbeständen und deren Zusammenhängen, d. h. von der globalen Architektur eines Wissensgebiets. Dadurch wird ein gemeinsamer Kontext oder ein gemeinsames Framework hergestellt, auf das sich die Mitarbeiter einer Organisation beziehen können, um entweder nach relevantem Wissen zu suchen oder aber auch relevantes Wissen – an der richtigen Stelle – beizutragen.[1]

Eine einfache Methode, Wissenslandkarten zu erzeugen, ist das Mindmapping.

---

[1] Vgl. https://prezi.com/-k1_bml5k-64/making-knowledge-visible-throughintranet-knowledge-maps (Stand 26.03.2015).

3.2 Grundsätzliches zum Qualitätsmanagement (QM)
3 Grundlagen des Qualitätsmanagements

Eine Organisations-Wissenslandkarte – als Beispiel – nimmt nicht ein einzelnes Thema, sondern die gesamte Organisation oder einzelne Bereiche der Organisation in den Blick und macht sichtbar, wo in der Organisation welches Wissen vorhanden ist – sei es in Form von Dokumenten und anderen Wissensquellen (Intranet-Seiten, Wiki-Artikel etc.) oder auch in den Köpfen der Experten. Eine solche Wissenslandkarte bietet dann tatsächlich im Sinne einer Landkarte eine Orientierung bei der Suche nach Wissen, indem sie die organisationale Wissensbasis sichtbar macht. Eine solche Wissenslandkarte kann wie folgt aufgebaut sein:

3.2 Grundsätzliches zum Qualitätsmanagement (QM)
3 Grundlagen des Qualitätsmanagements

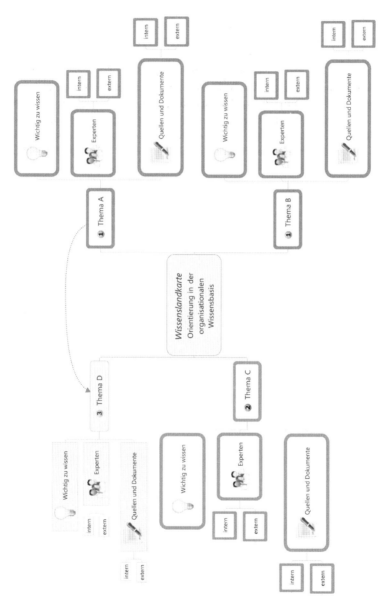

Bild 3: Wissenslandkarte (Quelle: Dr. Bashford, 2015)

3 Grundlagen des Qualitätsmanagements

Die Größe der jeweiligen Äste zeigt die Wertigkeit des jeweiligen Wissensfeldes (Priorisierung) an oder auch den Reifegrad des Wissens.

Eine solche organisatorische Wissenslandkarte beinhaltet darüber hinaus ein strategisches Moment: Sie zeigt die relevanten Wissensfelder der Organisation sowie deren Reifegrad. Sie kann damit die wissensorientierte Strategieentwicklung unterstützen („Wo sind wir stark? Wo haben wir Bedarf?") und als Ignoranzfilter dienen („Welches Wissen gehört nicht in unseren Scope?"). Vor allem Letzteres ist ein sehr hilfreicher Orientierungsrahmen für die Mitarbeiter hinsichtlich der täglichen Bewältigung der Informationsflut.[2]

Auch kann beim Ausscheiden von Mitarbeitern eine Mindmap, eine Expert-Map, helfen und den Wissenstransfer unterstützen. Es erfolgt ein mündliches bzw. mehrere mündliche Interviews, in denen der ausscheidende Mitarbeiter sein Know-how an seinen Nachfolger weitergibt. Festgehalten und visualisiert wird das in einer Mindmap, die während des Interviews für alle Teilnehmer sichtbar ist. So können beide, Wissensgeber und Wissensnehmer, unmittelbar verfolgen, wie sich das Übermittelte als Struktur formt und darstellt. Ebenfalls können sie evtl. eingreifen und diese Struktur verändern, sodass es am Ende dem eigenen „Bild im Kopf" entspricht. Diese Mindmap kann einfach beginnen und sich dann entwickeln (siehe folgendes Bild).

---

[2] Vgl. https://www.mindjet.com/de/wp-content/uploads/sites/2/2015/07/Whitepaper_Wissensmanagement.pdf (Stand 04.01.2016).

3.2 Grundsätzliches zum Qualitätsmanagement (QM)
3 Grundlagen des Qualitätsmanagements

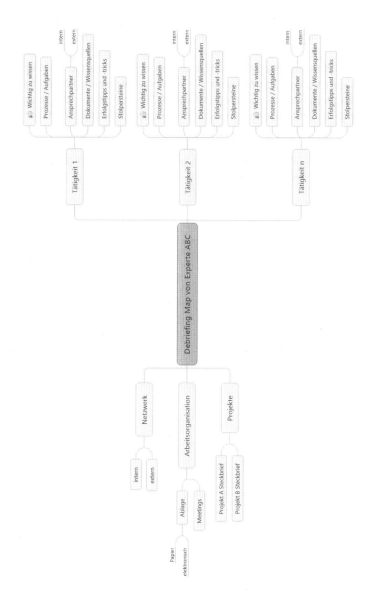

Bild 4: Grundstruktur einer Debriefing-Map (Quelle: Dr. Bashford, 2015)

3.2 Grundsätzliches zum Qualitätsmanagement (QM)
3 Grundlagen des Qualitätsmanagements

Die dargestellte Struktur dient sowohl der Systematisierung des Transfers, nicht nur während der eigentlichen Interviews, sondern auch in der Zeit zwischen den Interviews, als auch danach als Orientierungshilfe für den Nachfolger: „Wie geht gleich nochmal...?", „Wo finde ich gleich nochmal...?", „Wer kann mir hier gleich nochmal...?"

Wissenslandkarten sind im Wissensmanagement ein mächtiges Instrument. Sie verbinden eine textliche Aufbereitung von Wissen – in sehr knapper Form – mit der Visualisierung der Zusammenhänge und der Struktur und damit des Kontextes. Letzterer wiederum ist grundlegend für ein richtiges Verständnis und eine angemessene Einordnung der einzelnen Knowledge-Nuggets (kleinste Wissenseinheiten) und damit die Basis für eine mögliche Weiterentwicklung des dargestellten Wissensbestandes.

Die Visualisierung von Wissen hat sich in den letzten Jahren im Wissensmanagement zu einem der zentralen Themen entwickelt. Eine bildliche Darstellung kann in der Regel komplexe Zusammenhänge, abstrakte Sachverhalte oder auch größere Daten- und Informationsmengen (auf einen Blick) nachvollziehbar machen. Visualisierung kann – durch die Aktivierung weiterer Gehirnbereiche – die Kreativität und damit die Generierung neuen Wissens anregen, indem sie Interpretationsräume und Spielräume, im wahrsten Sinne des Wortes, eröffnet.

Wissenslandkarten bieten im Wissensmanagement viele Vorteile:

- Sie machen auch große Informationsmengen verständlich und verarbeitbar.
- Sie verschaffen einen (schnellen) Überblick über den Wissensbestand.
  - Was wissen wir?
  - Wo im Unternehmen ist dieses Wissen vorhanden?
- Sie machen (implizite) Zusammenhänge sichtbar, wodurch sich auch komplexeres Erfahrungswissen und Kontextwissen darstellen und vermitteln lässt.
- Dadurch unterstützen sie eine rasche Informationsverarbeitung und damit letztlich das Verstehen.
- Sie können als Ignoranzfilter dienen.
  - Was sind unsere Themen und was nicht?

- Wie hängen diese zusammen?
- Was wissen wir dazu (nicht)?
- Dadurch unterstützten sie eine klare Wissensstrategie und Fokussierung.

Wissenslandkarten sind damit ein zentrales Werkzeug einer lernenden Organisation, d. h. einer Organisation, welche die Verarbeitung von Informationen mit dem Ziel, daraus Erkenntnisse zu gewinnen und schließlich handlungsrelevantes Wissen zu entwickeln, auf allen Ebenen – der individuellen, kollektiven und schließlich organisationalen – ermöglicht und unterstützt.

Das Mindmapping ist dabei mit seiner Kombination von textlicher und visueller Darstellung eine pragmatische Möglichkeit, Wissenslandkarten einfach und mit wenig Aufwand zu erstellen. Einfachheit und geringer Aufwand sorgen dafür, dass die Motivation, Wissen in dieser Form zu dokumentieren und dadurch zu teilen, deutlich größer ist als bei einer rein textlichen Dokumentation. Hinzu kommt, dass die Dynamik der Erstellung und kontinuierlichen Anpassung und Weiterentwicklung mit der Dynamik des Wissenszuwachses Schritt halten kann.

3.2.4 Kundenorientierung

Dem Kunden gilt unsere größte Aufmerksamkeit, d. h., er steht im Mittelpunkt all unserer Überlegungen und unseres Handelns.

Er definiert, was wir unter Qualität zu verstehen haben, und setzt somit den Qualitätsmaßstab. Kunden sind in der Lage, Organisationen durch ihre Aussagen ein positives oder negatives Image zu geben. Das sollte heutzutage jedem Mitarbeiter bewusst sein. Denn dadurch wird u. a. auch der langfristige Erfolg gesichert.

Um eine absolute Kundenzufriedenheit zu erreichen, müssen sämtliche Tätigkeiten und Prozesse der Organisation auf die Wünsche, Anforderungen und Erwartungen der Kunden ausgerichtet werden. Zwischen Organisation und Kunden ergibt sich ein Regelkreis: Auf Grundlage der Erwartungen der Kunden erzeugen die Mitarbeiter im Unternehmen

Produkte, die den Kunden über verschiedene Vertriebskanäle auf dem Markt angeboten werden. Die Höhe der Kundenzufriedenheit ergibt sich aus dem Grad der Übereinstimmung von Kundenerwartungen und Produktmerkmalen. Über ein Zufriedenheits-Feedback können Korrekturen und Verbesserungen des Produkts von der Organisation kundenorientiert vorgenommen werden.[3] Ähnlich den Kundenzufriedenheits-Checks nach Inspektionen von Autoherstellern, die dieses System schon recht lange praktizieren. Innerhalb der Organisation wird die Kundenorientierung durch die Prozessorganisation unterstützt. Alle Prozessketten in der Organisation beginnen stets mit dem Kunden und laufen entlang interner Kunden-Lieferanten-Beziehungen innerhalb der Organisation schließlich wieder zum externen Kunden zurück.[4]

Vorteile einer Kundenzufriedenheit
Durch die Vertrautheit und die Zufriedenheit mit den Produkten und Dienstleistungen ist bei den Kunden die Option der erneuten Nutzung, also der Wiederbestellung, sehr hoch.

Dadurch sind auch die weiteren Vertriebs- und Marketingkosten geringer, da dieser Kunde nicht mehr unbedingt die „vollen Marketingaktivitäten" benötigt. Das Vertrauen in die Leistungsbereitschaft des Lieferanten steigt, dadurch benötigt man nicht mehr so starke Vertriebs- bzw. Marketingaktivitäten und auch weniger Pflegeaufwand in die Kundenbeziehungen. Außerdem sind Kunden, die schon länger vertrauensvoll kaufen, nicht so empfindlich gegenüber Preisschwankungen.

Ein weiterer Vorteil ist die Weiterempfehlung durch zufriedene Kunden, ein Faktor, der nicht unterschätzt werden sollte.

Dadurch können Sie durchaus Marketing- bzw. Werbeausgaben sparen.

Zielsetzung einer Kundenorientierung
Die Zielsetzung einer Kundenorientierung sollte sein:

- Die Anforderungen der Kunden – möglichst genau – kennen.

---

[3] Vgl. Kamiske (2012).
[4] Vgl. Kamiske (2012).

- Die Anforderungen der Kunden – möglichst genau – erfüllen können.
- Gezielte Maßnahmen zur Erfüllung der Kundenanforderungen einleiten können.
- Den Grad der Kundenzufriedenheit ermitteln, kennen und ständig steigern.
- Die Wettbewerbssituation erkennen, analysieren und bewerten können.

Kundenorientierung sollte in den Grundwerten der Organisation verankert werden. Dazu gehört auch, dass die Kundenanforderungen jedem Mitarbeiter, für den es relevant ist, bekannt sind und dass dieses Wissen auch entsprechend geschult wird.

Der Kunde ist Garant für den Erfolg der Organisation.

Fehlerquellen bei der Kundenorientierung

Mögliche Fehlerquellen bei der Kundenorientierung können sein:

- Keine entsprechenden Rahmenbedingungen für die Kundenorientierung festgelegt zu haben.
- Die Zielerreichung ohne Vorgabe anhand von geeigneten Zahlen, Daten und Fakten ermitteln zu wollen.
- Unwirtschaftliche Arbeiten als „Alibi" für die Kundenorientierung vorschieben.
- Den Kunden als einzigen Interessenpartner der Organisation zu sehen.
- Keine Aufklärung der Mitarbeiter über die Bedeutung der Kundenorientierung und deren tägliche Arbeit dafür zu haben.

Maßnahmen zur Kundenoptimierung

Hierzu ist es wichtig, den Kunden bzw. die potenziellen Kunden zu betrachten:

- das Ermitteln der Erwartungen des Kunden
- das Ermitteln der Anforderungen des Kunden
- das Ermitteln der Bedürfnisse des Kunden

3.2 Grundsätzliches zum Qualitätsmanagement (QM)
3 Grundlagen des Qualitätsmanagements

Die eigene Organisation darf jedoch nicht vergessen werden. Dabei ist es wichtig, folgende Dinge zu betrachten:

- die Kundenwünsche mithilfe einer Analyse/Systematik in die Anforderungen an Produkte bzw. Dienstleistungen umzusetzen
- die Anforderungen in der gesamten Organisation zu vermitteln
- eine genaue Wettbewerbs- bzw. Marktanalyse zu installieren, um daraus dann Maßnahmen hinsichtlich Innovation und Verbesserung ableiten zu können
- eine sehr detaillierte Kundenzufriedenheitsanalyse zu installieren

Eine Kundenzufriedenheitsanalyse kann z. B. durch folgende Verfahren wichtige Ergebnisse erbringen

- Kundenbefragungen
- Benchmarking
- Reklamationsauswertungen
- Besuchsberichte von Vertriebsmitarbeitern

Kundenbefragungen können sich im Rahmen des Verkaufs bzw. des Service bewegen, aber auch im Rahmen der Produktqualität.

Im Bereich des Verkaufs/Services wären dazu u. a. folgende Punkte wichtig:

- Reaktionszeit auf Anfragen
- Fachkompetenz in den Abteilungen/von Gesprächspartnern
- Eingehen auf individuelle Kundenwünsche
- inhaltlich gutes Infomaterial (Verkaufsinformationen, technische Unterlagen/Spezifikationen, Datenblätter)

Im Rahmen der Produktqualität sind folgende Aspekte wichtig, u. a.:

- die Zuverlässigkeit des Produkts
- das Verschleißverhalten des Produkts
- die Handhabbarkeit des Produkts
- die Montierbarkeit des Produkts
- die Belastbarkeit des Produkts
- das Preis-Leistungs-Verhältnis des Produkts

- die Anwendung des Produkts
- die Erfüllung der Spezifikation des Produkts

Im Rahmen der Dienstleistungsqualität sind folgende Aspekte u. a. wichtig:

- Die Aktualität der Dienstleistung (z. B. Aktualität des Seminars)
- Zuverlässigkeit der Dienstleistung (z. B. die Durchführungsgarantie bei einem Seminar)

Auch ein aktives Beschwerdemanagement kann sehr nützlich sein.

Beziehungen zu Kunden können sich auch durch andere Systeme wie etwa Bonusaktionen, sogenannte Clubkarten oder auch Incentives für besonders schnelle Reaktionen des Kunden (z. B. Freigabe von Druckänderungen, die sich durchaus über Monate hinziehen können und Kapazitäten binden etc.) entwickeln.

3.2.5 Dokumentation

Im Qualitätsmanagement bekommt die Dokumentation eine besondere Bedeutung. Sie ist eine notwendige Voraussetzung für ein organisationsweites einheitliches Verständnis der Qualitätsziele sowie der dazu erforderlichen Vorgehensweisen. Die Beschreibung von Zielen, Vorgehensweisen und Verantwortlichkeiten (also quasi Organisationsstandards) ist dabei eine wesentliche Grundlage, um einen einheitlichen Qualitätsstandard zu realisieren und im Sinne eines kontinuierlichen Verbesserungsprozesses stetig anzuheben. Eine Dokumentation ist daher auch in den entsprechenden Normen zum Qualitätsmanagement verankert und somit für eine Zertifizierung unerlässlich.[5]

Die Definition für „Dokument" ist kaum verändert in DIN EN ISO 9000:2005 und in DIN EN ISO 9000:2015.

---

[5] Vgl. Pfeifer/Schmitt (2014).

3.2 Grundsätzliches zum Qualitätsmanagement (QM)
3 Grundlagen des Qualitätsmanagements

Allerdings sind die Begriffe der DIN EN ISO 9001:2008

- Aufzeichnung,
- Dokument,
- Dokumentierte Qualitätspolitik,
- Dokumentiertes Verfahren,
- Qualitätsmanagementhandbuch und
- Qualitätsmanagementplan

nicht mehr aktuell. In der Norm DIN EN ISO 9001:2015 wird der Begriff „Dokumentierte Information" für alle Arten von Dokumenten verwendet.

Die Benennung „Dokument" ist in DIN EN ISO 9001:2015, Abschnitte 4 bis 10 und Anhang A, durch „dokumentierte Information" ersetzt. An einigen anderen Stellen verwendet DIN EN ISO 9001:2015 aber auch die Benennung „Dokument" weiter.

Die DIN EN ISO 9000:2015 definiert „dokumentierte Information" als eine:

- Information, die die Organisation sowohl lenken als auch aufrechterhalten muss. Das Gleiche gilt für das Medium, auf dem die Information enthalten ist.
- Bei der Umsetzung der Dokumentation bietet die Revision der Norm DIN EN ISO 9001 zukünftig viel mehr Spielraum. Ein QM-Handbuch, in vielen Organisationen das Instrument, um Überblick über die gesamte Organisation, das QM-System, die Strukturen und Abläufe abzubilden, wird mit der Revision nicht mehr explizit gefordert. Die Norm passt sich hier heutigen Unternehmensrealitäten, in denen Dokumentationen häufig EDV- oder webbasiert abgebildet werden, an. Ein ausgedrucktes Handbuch ist dafür nicht mehr zwingend erforderlich und praktikabel.

✓ Praxistipp

Allerdings ist davon abzuraten, gänzlich auf Dokumentation zu verzichten, da dies nicht im Sinne der DIN EN ISO 9001:2015 ist. Die Norm spricht von „dokumentierter Information".

3.2 Grundsätzliches zum Qualitätsmanagement (QM)
3 Grundlagen des Qualitätsmanagements

In der Praxis kann dem Wunsch nach einer lückenlosen und vor allen Dingen der Realität entsprechenden Beschreibung der Ziele, Vorgehensweisen und Verantwortlichkeiten einer Organisation allerdings nicht immer oder nur über einen begrenzten Zeitraum entsprochen werden. Die Komplexität, die im Rahmen einer Dokumentation im Qualitätsmanagement beherrscht werden muss, wächst schnell an. Dies ist abhängig von mehreren Kriterien, wie z. B. der Anzahl der zu beschreibenden Informationen. Darüber hinaus bilden die Beschreibungen keinen statischen Zustand ab, sondern unterliegen einem ständigen Prüf- und Veränderungsprozess, der organisiert, umgesetzt und dokumentiert werden muss.

Auch die entsprechenden Veränderungen müssen den Mitarbeitern transparent gemacht werden, sodass die Maßnahmen in der Organisation umgesetzt werden können. Eine Verteilung auf mehrere Standorte oder die Sicherstellung der Konformität zu mehreren Normen im Sinne eines integrierten Managementsystems erhöht diese Komplexität zusätzlich.

Die Schwierigkeiten bzw. Probleme, die damit einhergehen, lassen sich in der Praxis an unterschiedlichen Stellen festmachen:

- Die Erstellung und kontinuierliche Aktualisierung der Informationen ist zeitintensiv und bindet große personelle Ressourcen.
- Veränderungen bzw. Verbesserungen, die sich in der Praxis schon etabliert haben, werden mit großer zeitlicher Verzögerung in die Dokumentation eingepflegt.
- Veränderungen, die in die Dokumentation eingepflegt wurden, kommen bei den Mitarbeitern verspätet oder nicht vollständig an.
- Die in der Dokumentation definierten Standards sind den Mitarbeitern nicht transparent.
- Es werden in einer Organisation zeitgleich unterschiedliche Versionen von Dokumenten genutzt.
- Die Dokumentation spiegelt nicht die Realität wider.
- Die Mitarbeiter erkennen die Diskrepanz zwischen QM-Dokumentation und Realität und identifizieren sich nicht mit dem Qualitätsmanagementsystem.
- Dokumentation wird als „lästige" Pflicht und nicht als Chance zur Verbesserung gesehen.

3.2 Grundsätzliches zum Qualitätsmanagement (QM)
3 Grundlagen des Qualitätsmanagements

Dies zeigt, dass beim Aufbau und der Pflege einer QM-Dokumentation viele Faktoren berücksichtigt werden müssen, die über eine reine Beschreibung der Unternehmensabläufe hinausgehen.[6]

---

[6] Vgl. Pfeifer/Schmitt (2014)

3.3 Anwendungsbereich und Ziele

Die Norm DIN EN ISO 9001:2015 legt unter folgenden Voraussetzungen Anforderungen an ein QMS fest:

- Eine Organisation muss ihre Fähigkeit beweisen, stetig Produkte und Dienstleistungen bereitstellen zu können, welche die gesetzlichen, behördlichen und kundenspezifischen Anforderungen erfüllen.
- Eine Organisation strebt danach, die Zufriedenheit ihrer Kunden durch die wirksame Anwendung des Qualitätsmanagements ebenso wie die Prozesse zur Verbesserung des QMS zu steigern. Auch sichert die Organisation zu, die gesetzlichen, behördlichen und kundenspezifischen Anforderungen einzuhalten.

Die Anforderungen der Norm treffen auf jede Organisation zu, unabhängig von deren Größe und Art oder deren Produkten und/oder Dienstleistungen.

3.4 Normative Verweise

Unter „normative Verweise" können Sie auflisten, um welche Normen es Ihnen z. B. in Ihrem Qualitätsmanagementhandbuch geht. Es muss ja nicht immer die DIN EN ISO 9001:2015, sondern es können auch andere Normen wie z. B. die DIN EN ISO 14001 oder DIN ISO 28000 sein.

Beispiele für die Normen, auf welche Sie sich unter „normative Verweise" beziehen können:

Deutsches Institut für Normung e. V. (DIN) DIN EN ISO 9001:2015 – Qualitätsmanagementsysteme – Anforderungen (ISO 9001:2015). Berlin: Beuth

Deutsches Institut für Normung e. V. (DIN) DIN EN ISO 9000:2015 – Qualitätsmanagementsysteme – Grundlagen und Begriffe. Berlin: Beuth

4 Kommentierung der Normenabschnitte

4.1 Kontext der Organisation

Der Abschnitt 4 der Norm DIN EN ISO 9001:2015 beinhaltet neue Anforderungen an das Qualitätsmanagementsystem der Organisation. Die Betrachtung des Organisationsumfeldes wird hierdurch erweitert und somit die ganzheitlichen Betrachtungsansätze gefördert.

Es ist erforderlich, das Umfeld der Organisation mit allen Synergien genau zu bestimmen. Nicht nur um ein eigenes Produkt an den Kunden zu bringen, sondern auch, um im Rahmen des Risikomanagements handeln zu können. Es ist das erste Element, welches zur Planung des Qualitätsmanagementsystems benötigt wird.

Die Fragen zur Bestimmung der Kontexte der Organisation könnten folgendermaßen lauten:

- Welche internen und externen Themen unterstützen die Organisation darin, ihre Produkte und Dienstleistungen mit der gewünschten Qualität in dem gewünschten Markt zu platzieren?
- Über welche Stärken, wie z. B. finanzielle Unabhängigkeit, besonderes Know-how oder Kernkompetenzen, verfügt die Organisation?
- Welche Schwächen, wie z. B. eine ungünstige Altersstruktur des Personals, die Abhängigkeit von wenigen Lieferanten und der Fachkräftemangel, beeinflussen die strategischen Entscheidungen der Organisation?
- Welche Unterstützer oder Konkurrenten spielen für die Organisation eine Rolle?
- Welche interessierten Parteien müssen beachtet, einbezogen und welche Anforderungen müssen ggf. für die Prozesse aus meinem Qualitätsmanagementsystem bestimmt werden?

4.1 Kontext der Organisation
4 Kommentierung der Normenabschnitte

- Was sind die Qualitätsziele, welche die Produkte und Dienstleistungen erreichen sollen?
- Wer sind die „Geschäfts-Nachbarn" (z. B. örtlich oder inhaltlich) der Organisation und haben somit auch einen Einfluss auf die organisationsspezifischen Prozesse?

Weitere Fragen in diese Richtung sind natürlich denkbar.

Dieser allumfassende Ansatz ermöglicht der Organisation die Antworten auf diese und ähnliche Fragen u. a. in den Werten, den Zielen und der Vision der Organisation zu verankern. Damit wird vermutlich in den meisten Fällen auch eine bessere Identifikation jedes einzelnen Mitarbeiters mit der Oranisation ermöglicht. Das führt insgesamt zu einem besseren Endergebnis und damit zu einem ganzheitlich gelebten Qualitätsmanagementsystem.

Der Abschnitt 4 „Kontext der Organisation" enthält vier Unterabschnitte. In Abschnitt 4.1 ist der wesentliche Inhalt der Kontext der Organisation. Abschnitt 4.2 behandelt den Umgang mit interessierten Parteien. Wie der Anwendungsbereich des Qualitätsmanagementsystems festgelegt wird, beschreibt Abschnitt 4.3. In Abschnitt 4.4 wird der Bezug zum prozessorientierten Ansatz hergestellt.

4.1.1 Kommentierung des Normenabschnitts 4.1 – „Verstehen der Organisation und ihres Kontextes"

Die strategische Bedeutung externen und interner Faktoren wird von der Norm betont. Die Auseinandersetzung der Organisation mit Risiken und Chancen (externer Kontext) sowie Stärken und Schwächen (interner Kontext) ist entscheidend für die Strategiewahl, für die Formulierung der Qualitätspolitik und die Festlegung der Qualitätsziele!

Eine Organisation, welches sich nach der DIN EN ISO 9001:2015 zertifizieren lassen möchte, legt hierzu ein Qualitätsmanagementsystem mit allen erforderlichen Prozessen und Schnittstellen (z. B. zu Auftraggeber und Kunde, Lieferanten etc.) fest. Bei den festgelegten Prozessen und Schnittstellen gibt es interne sowie externe Themen, die die Ergebnisse innerhalb dieses Qualitätsmanagementsystems beeinflussen können. Diese Beeinflussung kann einen positiven Charakter haben, also die Qualität verbessern und damit z. B. die gewünschten Ergebnisse schneller und günstiger erreichen lassen. Es kann aber auch sein, dass eine negative Beeinflussung stattfindet, wodurch die Konformität der Produkte und Dienstleistungen z. B. gefährdet oder tatsächlich nicht mehr erreicht wird.

Es ist wichtig, dass alle internen und externen Themen betrachtet werden, die in den Prozessen (Haupt-, Unterstützungs- und Führungsprozessen, siehe Grafik 1) von Bedeutung sein können. Daher empfiehlt es sich, den Kontext der Organisation im Zusammenhang mit der ablaufenden Prozesskette zu erfassen. Bei der detaillierten Betrachtung der Prozessabläufe werden die Schnittstellen und interessierten Parteien und weitere Abhängigkeiten gut sichtbar.

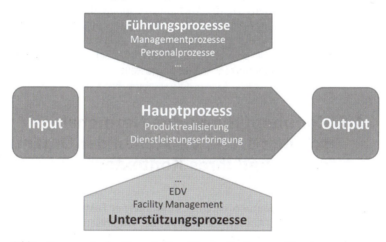

Bild 1: Prozesse in der Organisation (Quelle: Dr. Susanne Fiege)

Neben der Betrachtung der Prozesse des Qualitätsmanagementsystems werden unter Anmerkung 2 des Abschnitts 4.1 weitere Einflussfaktoren genannt, die in Ihre Betrachtungen mit einbezogen werden können.

4.1 Kontext der Organisation
4 Kommentierung der Normenabschnitte

Für die Analyse externer Themen ist das:

- gesetzliche
- technische
- wettbewerbliche
- marktbezogene
- kulturelle
- soziale und
- wirtschaftliche

Umfeld genannt, welches jeweils wiederum auf die Region bezogen (von international über regional bis lokal) zu betrachten ist. So können z. B. gesetzliche Unterschiede auftreten, wenn ein Unternehmen expandiert und nicht mehr nur lokal seine Produkte und Dienstleistungen vertreibt, sondern nun auch international. Beachten Sie bitte auch, dass diese detaillierte Analyse nicht nur dabei hilft, Ihren Kontext zu bestimmen, sondern auch eine wertvolle Vorarbeit für das Thema Umgang mit Risiken und Chancen beinhaltet.

Die Anmerkung 3 aus Abschnitt 4.1 der Norm gibt den Hinweis, wie der interne Kontext genauer betrachtet werden kann. Hierbei wird empfohlen, die Themen wie Werte, Kultur, Wissen und Leistung der Organisation mit einzubeziehen. Fragen, die hierbei zu stellen sind, sind z. B.:

- Welche Werte sind in Ihrer Organisation wichtig und wie werden sie gelebt? Eine Frage, die verstärkt im Abschnitt „Führung im Bereich der Qualitätspolitik" behandelt wird (siehe hierzu auch Abschnitt 5 der Norm und in Kapitel 4.2 „Unternehmensführung").
- Welche Kultur leben Sie in der Firma? Ist die Kultur eher durch eine stark hierarchische Struktur geprägt oder eine sogenannte Open-Door-Philosophie zu beschreiben – was hier jedoch bitte nicht als Gegensatz zu verstehen ist.
- Wie ist der Umgang mit Wissen? Gibt es ein Wissensmanagement; Bonussysteme, wenn neues Wissen in die Firma gebracht und kommuniziert bzw. angewendet wird; einen Schulungsplan oder ein Mentoren-Programm? (Siehe auch Normenabschnitt 7.1.6 „Wissen der Organisation" oder hier in Kapitel 4.4 „Ressourcen" und Kapitel 1.4 „Vorbeugungsmaßnahmen").

Natürlich ist es ebenso wichtig, sich im Vorfeld darüber klar zu sein, welchen Zweck das Produkt oder die Dienstleistung erfüllen soll und auch wie sich die Organisation strategisch ausgerichtet hat bzw. ausrichten möchte, um ihre Produkte und Dienstleistungen zu vermarkten und die vorgesehenen Ziele zu erreichen.

> **Beispiel**
>
> So hat z. B. eine Arztpraxis auf dem Land einen anderen Kontext zu beachten als z. B. eine Arztpraxis in einem Ärztehaus direkt im Stadtzentrum.
> Auf dem Land werden voraussichtlich von den Patienten Themen wie Erreichbarkeit und Flexibilität noch mehr erwartet, wohingegen in der Stadt Parkmöglichkeiten und das Zusammenspiel mit angrenzenden Geschäften eher von Interesse sein werden.

Alle Informationen, die die Organisation zu ihrem Kontext erhoben und erhalten hat, z. B. mit welchem Versandunternehmen die Produkte an den Kunden geliefert werden und welche Rahmenbedingungen dabei eingehalten werden müssen, sind in einem geeigneten Maß zu überwachen und zu überprüfen. In dem Beispiel eines notwendigen externen Versandunternehmens könnte es z. B. sein, dass sich die Rahmenbedingungen für den Versand ändern und damit andere Kosten anfallen oder sich die Lieferbedingungen geändert haben. Wenn diese Änderungen die Konformität des Produktes oder der Dienstleistung beeinflussen, muss das Unternehmen rechtzeitig reagieren können, weshalb die Überwachung und Überprüfung des Unternehmenskontextes einen hohen Stellenwert hat.

4.1.2 Kommentierung des Normenabschnitts 4.2 – „Verstehen der Erfordernisse und Erwartungen interessierter Parteien"

Zum Kontext der Organisation gehören auch die interessierten Parteien, die oft auch als Anspruchsgruppen oder Stakeholder bezeichnet werden. Es handelt sich dabei um Personen und Personengruppen, die ein positives oder negatives Interesse an der Organisation und ihrem Erfolg haben. Zu den interessierten Parteien einer Organisation gehören z. B. Kunden, Lieferanten, Gesellschafter, Mitarbeiter, Nachbarn, Gewerkschaften, Umweltverbände und Behörden. Welche interessierten Parteien relevant sind, muss jede Organisation selbst entscheiden.

Stakeholder
Zum einen zählt zu den Stakeholdern die Anwohnerin, neben deren Haus die Autowerkstatt Müller-Kfz eine neue Halle zur Kapazitätserweiterung bauen möchte, was z. B. Lärm und Schmutzbelästigung oder auch eine eingeschränkte Straßennutzung mit sich führen kann. Die Anwohnerin könnte daher zum Risikofaktor für den Bau der Halle werden, je nachdem, wie sie zu den Umständen der Baumaßnahmen steht und welche Maßnahmen sie ergreift.

Zum anderen könnte als Stakeholder eine andere Firma in der direkten Nachbarschaft betrachtet werden, die nun durch den Bau der neuen Werkstatthalle, beispielsweise ihren potenziellen Kunden nur noch eine eingeschränkte Sicht auf ihr Werbeplakat ermöglichen kann.

Es könnte aber auch dazu führen, dass z. B. die neue Werkshalle neue Kunden in das Gebiet führt, die auch an den anderen Geschäften der Umgebung interessiert sind, und wegen des verstärkten Zulaufs die Straßen saniert werden und sich somit insgesamt für alle positive Synergien nutzen lassen.

> **Beispiel**
>
> Ein sehr bekanntes Beispiel für den Einfluss interessierter Parteien ist die gerichtlich erzwungene Schließung einer Kindertagesstätte vor einigen Jahren in Hamburg. Nachbarn hatten sich über die Lärmbelastung in ihrem Wohngebiet beschwert und Klage eingereicht. Ein Gutachter stellte fest, dass der Kinderlärm den Grenzwert für Wohngebiete überschritten hatte. Dem Richter blieb bei der damaligen Rechtslage nichts anderes übrig, als die Schließung der Kindertagesstätte anzuordnen. Das Urteil hatte allerdings auch Auswirkungen auf die Gesetzgebung. Heute wird Kinderlärm anders bewertet als Industrielärm.

4.1 Kontext der Organisation

4 Kommentierung der Normenabschnitte

> **! Hinweis**
>
> Seien Sie sich bewusst, die Kraft der interessierten Parteien ist für eine Organisation nicht zu unterschätzen, weshalb hier eine genaue Analyse unabdingbar ist.

Der Abschnitt 4.2 der Norm stellt zwei wesentliche Anforderungen:

1. Bestimmen Sie die relevanten interessierten Parteien und deren Anforderungen in Bezug auf Ihr QMS.
2. Diese Informationen sind stetig zu überwachen und zu überprüfen, um im Fall einer Änderung reagieren zu können.

4.1.3 Kommentierung des Normenabschnitts 4.3 – „Festlegen des Anwendungsbereichs des Qualitätsmanagementsystems"

In den Abschnitten 4.1 und 4.2 der Norm wurde eine Analyse des Kontextes der Organisation und der interessierten Parteien gefordert. Hiermit ist der Rahmen für die Gestaltung des Qualitätsmanagementsystems gesteckt, in dem sich das Qualitätsmanagementsystem der Organisation bewegen wird.

Der nächste Schritt ist nun, den Anwendungsbereich des Qualitätsmanagementsystems festzulegen.

Hier ist auch beschrieben, dass beim Thema Ausschlüsse in der Norm Änderungen vorgenommen wurden, die eine Anwendung in der Art, wie sie in der Norm von 2008 zu finden war, nicht mehr möglich macht. Wichtig ist, dass von der Organisation alles Nötige getan werden muss, um allen zutreffenden Anforderungen der Norm gerecht zu werden. Alles, worauf das Qualitätsmanagementsystem der Organisation angewendet werden kann, ist anzuwenden (siehe hierzu auch Kapitel 1.2 „Kontext der Organisation").

Weiterhin besagt der Abschnitt, dass der festgelegte Anwendungsbereich als dokumentierte Information zugänglich sein muss. Über die Art der Dokumentation darf die Organisation frei entscheiden. Der Anwendungsbereich kann z. B. in einem QM-Handbuch dargelegt werden.

> **! Hinweis**
>
> Auch bisher musste der „Geltungsbereich" des Qualitätsmanagementsystems in der QM-Dokumentation angegeben werden. Insofern ist die Anforderung nach einer Festlegung des Anwendungsbereichs nicht neu!

Es ist ebenso gefordert, dass diese Informationen aufrechterhalten werden. Hiermit ist gemeint, dass regelmäßige Aktualisierungen, mindestens jedoch bei Änderungen des Kontextes oder des Anwendungsbereiches, in der Dokumentation vorgenommen werden müssen (weitere Anforderungen an die dokumentierten Informationen in Kapitel 4.4 „Unterstützung und Ressourcen" und Kapitel 1.5 „Dokumentierte Information").

4.1.4 Kommentierung des Normenabschnitts 4.4 – „Qualitätsmanagementsystem und seine Prozesse"

Der Abschnitt 4.4 der Norm ist nochmals in zwei Unterkapitel geteilt. Abschnitt 4.4.1 umfasst das Qualitätsmanagementsystem und seine Prozesse, Abschnitt 4.4.2 die dazugehörige Dokumentation.

Der wesentliche Bestandteil des Qualitätsmanagementsystems sind die dazugehörigen Prozesse. Um die Anforderungen der Norm zu erfüllen, ist die Organisation dazu verpflichtet, ein Qualitätsmanagementsystem nach den hier geltenden Regeln aufzubauen und zu verwirklichen sowie in der Organisation umzusetzen. Da dies keine Momentaufnahme ist, sondern ein fortwährender Prozess, muss das Qualitätsmanagementsystem gelebt und damit aufrechterhalten und jede Möglichkeit der Verbesserung sowie der sinnvollen Anpassung genutzt werden.

4.1 Kontext der Organisation
4 Kommentierung der Normenabschnitte

Dabei sind alle Prozesse und Wechselwirkungen mit einzubeziehen, die für das Qualitätsmanagementsystem erforderlich sind.

Schließlich werden alle Prozesse der Organisation sehr genau betrachtet (siehe hierzu auch Kapitel 1.3 „Prozessorientierter Ansatz") um alle Risiken und Chancen mit zu bedenken und auch Wege zur Verbesserung zu ermitteln sowie die Abläufe zur Bewertung und Anpassung festlegen zu können:

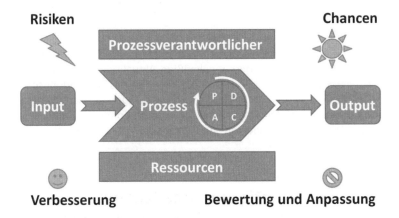

Bild 2: Prozessbetrachtung (Quelle: Dr. Susanne Fiege)

Das Qualitätsmanagementsystem wird von einer Dokumentation mit dem richtigen Maß unterstützt. Es geht darum, all das zu dokumentieren, was für die eben genannten Prozesselemente erforderlich ist, um das Qualitätsmanagementsystem leben zu können. Hier gilt der bekannte Grundsatz: So viel wie nötig, so wenig wie möglich.

> **Beispiel**
>
> **Beispiel 1**
> Die Montageanleitung für eine Fernbedienung ist als dokumentierte Information bereitgestellt. Sie beinhaltet alle wesentlichen Aspekte zur Montage, dem Prozess selbst, aber auch alle weiteren erforderlichen Informationen.

Hier ist z. B. erklärt welche einzelnen Bauteile aus welchen Sammelcontainern genommen werden müssen, in welcher Reihenfolge und mit welchen Werkzeugen der Zusammenbau erfolgt. Ebenso wird vermutlich eine Zeichnung der fertig montierten Fernbedienung in der Dokumentation zu finden sein.

Die Informationen wer den Prozess zu verantworten hat und wer das fertige Produkt freigibt und wohin es schließlich weitergegeben wird, werden im Produktionsablauf Verbesserungspotentiale erkannt und Änderungen für den Prozess beschlossen (sei es ein anderer Input, eine andere Montagereihenfolge, oder auch andere Ressourcen, die zu verwenden sind), so werden diese Änderungen ebenfalls in der dokumentierten Information hinterlegt.

Beispiel

Beispiel 2
Verwechselungen im Krankenhaus führen immer wieder zu schwerwiegenden, manchmal sogar tödlichen Unfällen. Das Verfahren zur Vermeidung von Eingriffsverwechselungen muss deshalb detailliert festgelegt und angewendet werden, um solche Risiken zu vermeiden. Viele andere Tätigkeiten im Krankenhaus müssen nicht schriftlich geregelt werden, weil das Personal über ausreichende Kompetenzen verfügt und so flexibel auf Patientenwünsche reagieren kann.

Hinweis

Achten Sie dabei auf eine Änderungshistorie inkl. der Genehmigung/Freizeichnung des Dokumentes zur Verwendung ab einem vorgegebenen Zeitpunkt.

4.2 Organisationsführung

Der Abschnitt 5 „Führung" der Norm enthält drei Unterabschnitte. Abschnitt 5.1 beschreibt die Verpflichtungen der obersten Leitung. Abschnitt 5.2 erklärt die Qualitätspolitik. Abschnitt 5.3 beschreibt, welche Anforderungen bei der Verteilung von Rollen, Verantwortlichkeiten und Befugnissen in der Organisation erfüllt werden müssen.

4.2.1 Kommentierung des Normenabschnitts 5.1 – „Führung und Verpflichtung"

Der Abschnitt 5.1 der Norm beinhaltet zwei Unterkapitel.

Es wird hierin deutlich herausgestellt, dass die Führung der Organisation, also die oberste Leitung, die Verantwortung für das Qualitätsmanagementsystem der Organisation hat (siehe auch Kapitel 1.7 „Verantwortung der Leitung"). Diese Verpflichtung muss in einer Reihe von Tätigkeiten eingehalten werden. Hier nennt die Norm folgende Anforderungen:

- Die oberste Leitung hat Rechenschaft bezüglich der Wirksamkeit ihres QMS abzulegen.
- Die oberste Leitung ist dafür verantwortlich, die Qualitätspolitik und die Qualitätsziele auf der Grundlage der strategischen Ausrichtung der Organisation festzulegen.
- Die oberste Leitung ist dazu verpflichtet, alle Prozesse des Qualitätsmanagementsystems in die Organisationsabläufe zu integrieren. Eine Trennung der Geschäftsprozesse zu den Anforderungen des Qualitätsmanagementsystems ist damit nicht möglich. Das Qualitätsmanagementsystem beschreibt somit in der Regel alle Geschäftsprozesse. Hier wird deutlich, wie tief das Selbstverständnis zum Qualitätsmanagement in der Organisation anzusetzen ist.

4.2 Organisationsführung
4 Kommentierung der Normenabschnitte

- Die oberste Leitung hat eine Vorbildfunktion. Sie muss in ihren Tätigkeiten und Arbeitsanweisungen die Prozessorientierung erkennen lassen und immer wieder dazu anregen, risikobasiert zu denken, und Möglichkeiten bieten, Risiken und Chancen mit den erforderlichen Maßnahmen zu bewältigen.
- Die oberste Leitung hat dafür Sorge zu tragen, dass alle Ressourcen (Personal, Material, Infrastruktur, Zeit etc.), welche für das QMS benötigt werden, zur Verfügung gestellt werden. Mit dieser Anforderung wird klar, dass z. B. auch wirtschaftlich notwendige Sparmaßnahmen ganz klar mit einer Risikoanalyse im Vorfeld betrachtet werden müssen.
- Die oberste Leitung muss allen Beteiligten der Organisation erklären, weshalb es einen großen Nutzen hat, ein wirksames Qualitätsmanagement zu betreiben und dass es für die Wirksamkeit unabdingbar ist, dass alle Anforderungen an das Qualitätsmanagementsystem erfüllt werden müssen. Die oberste Leitung kann damit als eine Art „Marketingexperte" für ihr Qualitätsmanagementsystem angesehen werden.
- Die oberste Leitung hat die erzielten Ergebnisse zu prüfen und zu bewerten.
- Die oberste Leitung muss außerdem dafür sorgen, dass Personen eingesetzt werden, die so geschult und unterstützt werden, dass sie entsprechend den Anforderungen arbeiten können.
- Die oberste Leitung ist dafür verantwortlich, dass Verbesserungen erarbeitet und umgesetzt werden. Es ist hierbei z. B. förderlich, eine konstruktive Feedbackkultur zu etablieren, um eine stetige Verbesserung zu gewährleisten.
- Ist die oberste Leitung nicht die einzige Führungsperson in der Organisation, so hat sie die Führungskräfte in ihrer jeweiligen Rolle und in ihrem jeweiligen Verantwortungsbereich entsprechend zu bekräftigen und zu unterstützen.

Über die genannten Anforderungen wird klar, wie stark die Verantwortung der obersten Leitung in dieser Norm hervorgehoben wird. Schließlich leitet sie die Organisation und somit auch das Qualitätsmanagementsystem.

Die soeben beschriebenen Verantwortungsbereiche beziehen sich auf die Organisation selbst. Da die oberste Leitung auch als „Gesicht des Unternehmens" gilt, wurde auch ihre Verantwortung bezüglich der Kundenorientierung formuliert.

Hier sind die folgenden Punkte angegeben:

- Kundenanforderungen, gesetzliche und behördliche Anforderungen sind durch die oberste Leitung zu bestimmen. Die Anforderungen müssen verstanden sein und schließlich auch zu jedem Zeitpunkt erfüllt werden.
- Die Organisation liefert dem Kunden Produkte und Dienstleistungen. Die oberste Leitung hat hierbei die Verantwortung, alle Risiken und Chancen bezüglich der Konformität der Produkte und Dienstleistungen und Faktoren zur Steigerung der Kundenzufriedenheit festzulegen und schließlich geeignete Maßnahmen dafür umzusetzen.
- Im Mittelpunkt der Kundenorientierung steht für die oberste Leitung die stetige Verbesserung der Kundenzufriedenheit.

> **! Hinweis**
>
> Hier wird nochmals deutlich, im Qualitätsmanagement zählt der Satz: „Der Kunde ist König." Kein Produkt, keine Dienstleistung wird nur für die Organisation hergestellt oder erbracht, sondern immer für den Kunden. Diese Einstellung zum Thema Kundenorientierung muss die oberste Leitung in ihren Tätigkeiten deutlich transportieren, vorleben und von ihren Mitarbeitern einfordern.

4.2.2 Kommentierung des Normenabschnitts 5.2 – „Politik"

Der Normenabschnitt 5.2 ist in zwei Unterkapitel aufgeteilt. Hier wird die Anforderung gestellt, dass die oberste Leitung die Qualitätspolitik der Organisation festlegt (Abschnitt 5.2.1) und in der Organisation bekannt machen muss (Abschnitt 5.2.2).

4.2 Organisationsführung
4 Kommentierung der Normenabschnitte

Wenn die oberste Leitung die Qualitätspolitik festlegt, geht es darum, wie mit dem Thema Qualität in der Organisation umgegangen werden soll. Welche Absichten und mit welcher Ausrichtung der Organisation ist das Qualitätsmanagement zu betreiben? Hierfür ist es wiederum notwendig, auch den Kontext der Organisation und die generelle strategische Ausrichtung mit zu betrachten. Die Qualitätspolitik soll zudem einen passenden Rahmen für die Qualitätsziele (vgl. Abschnitt 6.2 der Norm bzw. Kapitel 4.3) bieten. Weiterhin sind zwei Verpflichtungen zu formulieren:

1. Die erforderlichen Anforderungen müssen erfüllt werden.
2. Eine fortlaufende Verbesserung des Qualitätsmanagementsystems muss gegeben sein.

Ist die Qualitätspolitik festgelegt, so ist es natürlich erforderlich, dass diese auch umgesetzt und aufrechterhalten wird. Um dies zu gewährleisten, muss die Qualitätspolitik in der Organisation bekannt gemacht werden. Auch dieser Prozess der Bekanntmachung sollte umfassend in die Planung mit aufgenommen werden. Mitarbeiter und interessierte Parteien über die Qualitätspolitik zu informieren ist ein wesentlicher Bestandteil, um das Qualitätsdenken für die Organisation zu etablieren.

Was ist schließlich bei der Bekanntmachung zu beachten:

- Die Qualitätspolitik muss als dokumentierte Information vorliegen und allen Mitarbeitern und auch weiteren interessierten Parteien in den jeweils entsprechenden Maß zur Verfügung gestellt werden.
- Innerhalb der Organisation muss diese Qualitätspolitik verstanden und angewendet werden. Auch hierfür ist die oberste Leitung verantwortlich und muss sich z. B. bei einem dafür organisierten Event zur Bekanntmachung des Qualitätsmanagementsystems den Fragen der Mitarbeiter stellen.

4.2.3 Kommentierung des Normenabschnitts 5.3 – „Rollen, Verantwortlichkeiten und Befugnisse in der Organisation"

Nachdem die oberste Leitung die Verantwortung für das Qualitätsmanagementsystem hat, ist sie auch dafür verantwortlich, die Rollen, Verantwortlichkeiten und Befugnisse in der Organisation festzulegen.

Wie die oberste Leitung diese Information in der Organisation zuteilt, verbreitet und für ein klares Verständnis bei allen Mitarbeitern sorgt, bleibt wiederum ihre Entscheidung. Es empfiehlt sich jedoch, z. B. für jede Stelle in der Organisation eine Rollenbeschreibung mit den Aufgaben, Kompetenzen und Verantwortungen (AKV) zu erstellen und gemeinhin zugänglich zu machen.

Die Zuweisung der Verantwortlichkeiten und Befugnisse hat dabei mehrere Anforderungen zu erfüllen:

- Es muss damit sichergestellt sein, dass die Anforderungen der Norm an das Qualitätsmanagementsystem erfüllt werden.
- Es muss sichergestellt sein, dass die gewünschten Prozessergebnisse erzielt werden.
- Es muss ein Berichtsmanagement durchgeführt werden können, welches die oberste Leitung darüber in Kenntnis setzt, wie die Leistung des Qualitätsmanagementsystems zu bewerten ist und welche Verbesserungsmöglichkeiten ggf. zur Umsetzung gebracht werden sollten.
- Es muss sicherstellen, dass die Kundenorientierung in der gesamten Organisation gefördert wird.
- Es muss sicherstellen, dass auch Änderungen am Qualitätsmanagementsystem es nicht selbst schädigen oder außer Kraft setzen können.

Die Anforderungen zeigen, dass es z. B. bei der Einführung eines Qualitätsmanagementsystems für die Organisation zu einer Veränderung der Rollen und Positionen kommen kann, wenn diese dadurch die Anforderungen an die Norm besser umsetzen lassen.

4.2 Organisationsführung
4 Kommentierung der Normenabschnitte

Bei der Planung ist schließlich darauf zu achten, dass jeder Prozess einen Verantwortlichen benötigt. + Vertreter !

> **! Hinweis**
> Die Frage nach der Prozessführung („Wer ist der Prozesseigner und wer sein Vertreter im Bedarfsfall?") ist häufig eine wichtige Frage des Auditors. Denn nur ein geführter Prozess ist ein gelebter Prozess.

4.3 Planung

Der Abschnitt 6 „Planung" ist in drei Unterkapitel aufgeteilt. Abschnitt 6.1 beschreibt den Umgang mit Risiken und Chancen, Abschnitt 6.2 befasst sich mit der Planung der Qualitätsziele und Abschnitt 6.3 mit der Planung von Änderungen.

4.3.1 Kommentierung des Normenabschnitts 6.1 – „Maßnahmen zum Umgang mit Risiken und Chancen"

Der Kontext der Organisation und die Erfordernisse und Erwartungen der interessierten Parteien müssen bei der Planung des Qualitätsmanagementsystems mit berücksichtigt werden. Dafür ist es erforderlich, die möglichen dazugehörigen Risiken und Chancen zu definieren und Maßnahmen für den Umgang mit ihnen festzulegen. Es ist die Anforderung der Norm, dass bereits in der Planung sichergestellt ist, dass die gewünschten Ergebnisse erzielt werden, positive Effekte gestärkt und negative Effekte eingedämmt oder komplett umgangen werden können und für eine fortlaufende Verbesserung gesorgt wird.

Die Fragen, die hier also gestellt werden müssen, könnten folgendermaßen lauten:

- Welche Risiken und Chancen sind für die Organisation in Bezug auf das Umfeld der Organisation und die interessierten Parteien zu betrachten?
- Wie soll mit den möglichen Risiken und Chancen umgegangen werden?
- Welche konkreten Maßnahmen müssen ergriffen werden, um das bestmögliche Ergebnis erzielen zu können?

Wenn entschieden ist, welche Maßnahmen im Falle von eintretenden Risiken und Chancen ergriffen werden müssen, ist noch festzulegen, zu welchem Zeitpunkt diese Maßnahmen durchzuführen sind.

Dieses „Wann" bezieht sich hierbei auf den konkreten Zeitpunkt in einem der Prozesse des Qualitätsmanagementsystems. Schließlich ist die Reaktion auf ein Risiko oder eine Chance kein Regelprozess, sondern ein Zusatzprozess, der nur zu diesen speziellen Zeiten eintritt. Der ursprüngliche Prozessablauf darf dabei natürlich nicht negativ beeinflusst werden oder z. B. eine Vielzahl weiterer unkontrollierbarer Nebenprozesse hervorgerufen werden.

Als weiterer und letzter Schritt ist es schließlich noch erforderlich zu planen, wie die Wirksamkeit der Maßnahmen zu bewerten ist. Allgemeine Fragen hierzu sind z. B.:

- Wie wirksam ist die Maßnahme z. B. in Bezug auf die Abwendung des Risikos oder die Erfüllung einer Chance?
- Wann lässt sich die Wirksamkeit der Maßnahmenwirksamkeit in diesem Fall bestimmen?
- Wer muss hierzu die erforderlichen Informationen sammeln oder Daten erheben?
- In welchem Detaillierungsgrad muss die Wirksamkeit bestimmt werden?

Es wird weiterhin in der Norm darauf hingewiesen, dass die Maßnahmen in einem vernünftigen Maß eingesetzt werden müssen.

⇨ Beispiel

Die Erteilung eines Großauftrages durch eine Supermarktkette ist für eine Bäckerei eine große Chance, wirtschaftlich erfolgreich zu sein. Gleichzeitig ist es für die Bäckerei riskant, den Großauftrag auszuführen, wenn dadurch die Produktionskapazitäten weitgehend ausgelastet sind. Durch die Kündigung des Großauftrags könnte die Bäckerei leicht in existenzielle Schwierigkeiten geraten.

Die Anmerkungen 1 und 2 in Abschnitt 6.1 der Norm beschreiben sehr anschaulich, wie ein Umgang mit Risiken und Chancen aussehen kann und welche Auswirkungen sich daraus ergeben können.

Risiken lassen sich hier gut nach dem Merkspruch für beliebige Situationen behandeln: „Change it, love it or leave it" („Ändere es, liebe es oder verlasse es", „es" = die Situation):

- Change meint hier z. B.:
  - Ändern der Eintrittswahrscheinlichkeit
  - Ändern der resultierenden Konsequenzen
- Love könnte heißen:
  - Nutzen, um damit eine Chance eintreten zu lassen
  - sich einfach bewusst dafür entscheiden
- Leave ist u. a. zu verstehen als:
  - Vermeiden
  - Beseitigen

Beim Umgang mit Chancen ergeben sich vor allem verschiedene Möglichkeiten zur Erneuerung. Als Beispiele sind hier die folgenden genannt:

Die Erneuerung

- von Verfahrensweisen und Techniken,
- von Produkten und Dienstleistungen,
- der Märkte,
- des Kundenstamms und
- von Beziehungen und Partnerschaften.

4.3.2 Kommentierung des Normenabschnitts 6.2 – „Qualitätsziele und Planung zu deren Erreichung"

Im Normenabschnitt 5.2 erhält die oberste Leitung die Verantwortung für die Qualitätspolitik der Organisation. Nun sind nach Abschnitt 6.2 von der Organisation die zugehörigen Qualitätsziele zu definieren.

4.3 Planung
4 Kommentierung der Normenabschnitte

Dies bedeutet, die Qualitätsziele müssen nicht direkt von der obersten Leitung, sondern können z. B. von einem zuvor ernannten Qualitätsteam, inklusive oder der in Rücksprache mit der obersten Leitung, definiert werden. Die Qualitätsziele haben folgende Kriterien zu erfüllen:

- Sie sollten der Umsetzung der Qualitätspolitik dienen.
- Wie für alle Ziele, müssen auch für diese Messgrößen definiert werden (z. B. Zuwachs an Kundenzufriedenheit, Anzahl an umgesetzten Verbesserungen etc.). Die Messung von Qualitätszielen kann mitunter, aufgrund vieler sogenannter weicher Faktoren je Branche, viel Kreativität der Organisation erfordern.
- Sie müssen angepasst an die Anforderungen des Qualitätsmanagementsystems formuliert werden.
- Sie müssen dazu dienen, konforme Ergebnisse zu erzielen und die Zufriedenheit des Kunden stetig zu verbessern.
- Sie müssen, genauso wie die Qualitätspolitik, der gesamten Organisation als dokumentierte Information zur Verfügung stehen, mitgeteilt und erklärt werden.
- Sie müssen überwacht werden und es ist regelmäßig zu prüfen, ob sich die Qualitätsziele z. B. im Laufe der Zeit geändert haben und daher in ihrer Formulierung und Auslegung angepasst werden müssen.

> **! Hinweis**
>
> Qualitätsziele sollten SMART (spezifisch, messbar, akzeptiert, realistisch, terminiert) formuliert werden.

Der Weg zur Erreichung der definierten Qualitätsziele ist ebenso zu planen:

- Was ist dafür von wem zu tun?
- Welche Ressourcen müssen hierzu zur Verfügung gestellt werden?
- Wie sind die Rollen und Verantwortlichkeiten zu bestimmen?
- Welcher Moment oder welches Ergebnis bestimmt das Erreichen des Qualitätsziels und beendet damit frühzeitig weitere Tätigkeiten?
- In welcher Art und Weise müssen die Ergebnisse bewertet werden?

Qualitätsziele geben somit einen klaren, messbaren und genau definierten Rahmen an, in dem sich das Qualitätsmanagementsystem der Organisation bewegt.

4.3.3 Kommentierung des Normenabschnitts 6.3 – „Planung von Änderungen"

Änderungen können ein bestehendes System ins Wanken bringen und müssen daher sorgfältig geplant werden. Der Einsatz eines an das Qualitätsmanagementsystem angepassten Änderungsmanagements kann hier einen günstigen Einfluss liefern.

Sollte es erforderlich sein, Änderungen am Qualitätsmanagementsystem durchzuführen, müssen für den dazugehörigen Prozess einige Anforderungen erfüllt werden. Als Fragen formuliert könnten diese etwa so heißen:

- Wurde geklärt, weshalb diese Änderung durchgeführt werden muss und welches Ziel sie hat?
- Sind die Konsequenzen dieser Änderungen verstanden und akzeptiert?
- Sind die Änderungen so konzipiert, dass sie die Glaubwürdigkeit und Beständigkeit des Qualitätsmanagementsystems unterstützen und nicht negativ beeinflussen?
- Muss mit der Änderung ggf. auch eine Änderung zur Ressourcenplanung vorgenommen werden?
- Wird es ggf. erforderlich, Rollen und Aufgaben neu zu definieren oder anzupassen?

Wenn die Anforderungen wie in der Norm beschrieben umgesetzt werden, wird der Umgang mit Änderungen voraussichtlich strukturierter und für die Qualität der Organisation angemessen verlaufen.

4.4 Unterstützung und Ressourcen

Damit die Prozesse des Qualitätsmanagementsystems funktionieren, gehört es auch dazu, dass die Prozessunterstützungen geplant, vorbereitet und sinnvoll eingesetzt werden.

Der Normabschnitt 7 „Unterstützung" ist in fünf Unterkapitel gegliedert. Abschnitt 7.1 befasst sich mit Ressourcen wie z. B. Personen, der Infrastruktur und Messgeräten. Abschnitt 7.2 beschreibt die Anforderungen bzgl. der Kompetenzen und der Kompetenzerweiterung in der Organisation. Abschnitt 7.3 gibt Aufschluss, welches Bewusstsein in der Organisation gestärkt werden muss. Abschnitt 7.4 regelt die Art der Kommunikation in der Organisation. Abschnitt 7.5 befasst sich mit dem Thema dokumentierte Information.

4.4.1 Kommentierung des Normenabschnitts 7.1 – „Ressourcen"

Ressourcen sind gegenständlich oder nicht-gegenständlich und dienen dazu, eine Tätigkeit oder hier einen Prozess durchführen zu können. Jeder Prozess ist von verschiedenen Ressourcen abhängig.

Die Norm fordert die Bestimmung und Bereitstellung der Ressourcen, die für das Qualitätsmanagementsystem benötigt werden. Ressourcen sind für alle Phasen zu planen, sowohl für den Start und die Etablierung des Qualitätsmanagementsystems als auch für die fortdauernde Umsetzung und den fortlaufenden Verbesserungsprozess. Wichtig hierbei ist es, bei der Verwendung der Ressourcen Folgendes zu beachten:

- Wenn vorhandene interne Ressourcen genutzt werden sollen, ist zu ermitteln, welche Fähigkeiten diese besitzen und ob diese ausreichen, um das Qualitätsmanagementsystem entsprechend zu unterstützen.
- Welche externen Ressourcen müssen in welchem Maß verwendet werden?

4.4 Unterstützung und Ressourcen
4 Kommentierung der Normenabschnitte

Die Anforderungen an die Ressourcen werden in der Norm in fünf unterschiedlichen Kategorien (Unterkapiteln) beschrieben:

- Personen
- Infrastruktur
- Prozessumgebung
- Ressourcen zur Überwachung und Messung
- Wissen der Organisation

Personen
Im Fall der Ressourcenplanung von Personen ist zu beachten, dass die richtigen Personen an den richtigen Positionen der Prozesse platziert sind.

✓ **Praxistipp**

Denken Sie bei der Ressourcenplanung von Personen auch an die Fähigkeiten und Kenntnisse, die diese mitbringen. Nutzen Sie auch Ihr Wissen über die Persönlichkeit und Arbeitsweise Ihrer Mitarbeiter, um die bestmöglichen Synergien im Team und für die betreffende Aufgabe zu erzeugen.

Infrastruktur
Zur Ressource Infrastruktur zählt im Prinzip jeder denkbare Gegenstand, der durch das Qualitätsmanagementsystem der Organisation genutzt wird. Dazu gehören z. B. folgende „Gegenstände":

- das Firmengebäude, die Werkstatthalle oder das angemietete Büro in einem Gebäude, mit allen zugehörigen Strukturen (Toiletten, Küche, Treppenhaus, Hauseingang, Klingelbrett, Briefkasten etc.)
- alle Arbeitsmaterialien, wie Werkzeuge, Maschinen, Computer, notwendige Programme (Software), Schreibwaren, Sicherheitskleidung etc.
- Transporteinrichtungen, zum Transport von Material (z. B. Fließbänder, Fahrzeuge, Rollcontainer, Taschen etc.) oder auch zum Transport von Informationen (z. B. Umschläge und Briefkästen für (firmeninterne) Post etc.)

4.4 Unterstützung und Ressourcen

- technische Ausstattung zur Kommunikation und Information, wie z. B. Telefone, Videokonferenzanlagen, Lautsprecher, Präsentationstafeln und dergleichen

Die Anforderung der Norm ist es, die für die Prozesse benötigte Infrastruktur festzulegen und zur Verfügung zu stellen.

Prozessumgebung
Die Prozessumgebung setzt sich aus den folgenden unterschiedlichen Faktoren zusammen:

- soziale
- psychologische
- physikalische

Soziale Faktoren berücksichtigen alle Elemente eines guten sozialen Zusammenlebens (z. B. Transparenz, Kommunikationsspielregeln etc.). Unter psychologischen Faktoren versteht man hier u. a. Themen, die die Psychohygiene positiv beeinflussen (z. B. Burn-out-Prophylaxe, Vertrauenspersonen etc.). Als physikalische Faktoren sind u. a. die Einflüsse von Wind und Wetter oder auch die Lärmbelastung am Arbeitsplatz zu nennen (z. B. Sonnenseite im Dachgeschoss mit oder ohne Rollläden und Klimaanlage etc.).

Auch die Prozessumgebung muss so festgelegt werden, dass sie die Prozesse des Qualitätsmanagementsystems positiv unterstützt und die gewünschten Ergebnisse erzielt werden können.

Ressourcen zur Überwachung und Messung
Die Konformität der Produkte und Dienstleistungen muss regelmäßig mit geeigneten Mitteln geprüft werden. Hierzu sind die notwendigen Ressourcen (z. B. Ausgangskontrollen, Prüfmittel etc.) durch die Organisation festzulegen und in den entsprechenden Prozessen zur Verfügung zu stellen.

Natürlich müssen die Mittel zur Überwachung und Messung für den gewünschten Einsatz geeignet gewählt werden.

4.4 Unterstützung und Ressourcen
4 Kommentierung der Normenabschnitte

 Beispiel

Ein Unternehmen, welches Ware im Kilogramm-Maßstab abpackt und vertreibt, wird voraussichtlich keine Waage mit einer dritten Nachkommastelle und somit für Messungen im Gramm-Bereich benötigen. Diese Feinwaage kann aber in einem analytischen Laboratorium als zwingendes Messmittel erforderlich sein.

Die Apparaturen zur Überprüfung, wie auch der dazugehörige Prozess, müssen zudem so behandelt und verwendet werden, dass sie eine kontinuierliche Überwachung gewährleisten können. Dass die gewählten Ressourcen für die Prozesse geeignet sind, ist für eine spätere Nachverfolgbarkeit der Prüfergebnisse, in sinnvoller Weise als dokumentierte Information, aufzubewahren.

Ebenso die Personen, die mit den Messmitteln umgehen müssen, bedürfen einer entsprechenden Unterweisung, sodass ein sachgemäßer Gebrauch der Messmittel gewährleistet werden kann.

In bestimmten Fällen wird es erforderlich sein, eine sogenannte messtechnische Rückführbarkeit sicherzustellen. Das bedeutet, dass die Messergebnisse des eingesetzten Messmittels mit jedem anderen, identisch genormten/eingestellten Messmittel reproduziert werden könnten. Jedes der in der Organisation verwendeten Messmittel kann zudem auf das zur Normung verwendete Gerät zurückgeführt werden. Diese Information kann z. B. auf der Prüfplakette in Kalibrierbüchern oder dergleichen hinterlegt werden.

 Beispiel

Dieser Fall tritt z. B. ein, wenn Bauteile von verschiedenen Betrieben in der Organisation zu einem Produkt zusammengebaut werden. Hier müssen z. B. die Größen-Maße alle nach einem System und einer Normierung geprüft worden sein, damit sie zur Endmontage zusammenpassen.

4.4 Unterstützung und Ressourcen
4 Kommentierung der Normenabschnitte

Mit den festgelegten Messmitteln muss dann folgendermaßen umgegangen werden:

- Sie müssen in regelmäßigen Zeiträumen erneut kalibriert und/oder verifiziert werden.
- Sie müssen gekennzeichnet werden, wann sie zum letzten Mal kalibriert oder verifiziert wurden und ob sie für den vorgesehenen Zweck noch eingesetzt werden dürfen.
- Es darf nicht möglich sein, die Messmittel nach der Kalibrierung und/oder Verifizierung und zugehöriger Kennzeichnung noch auf irgendeine Art und Weise zu verändern, zu verstellen oder anderweitig zu manipulieren. Andernfalls wäre eine Nachverfolgbarkeit eines dadurch produzierten Fehlers nicht mehr möglich.

! Hinweis

In der Regel werden Messmittel nach nationalen Normwerten kalibriert oder verifiziert. Sollte dies, aufgrund einer speziellen Beschaffenheit des Messmittels, nicht möglich sein, müssen die von der Organisation festgelegten eigenen Normwerte für spätere Kalibrierungen und/oder Verifizierungen als dokumentierte Information hinterlegt werden.

✓ Praxistipp

Es kann sinnvoll sein, eine Art Prüfplakette auf dem Messmittel zu platzieren. Hierbei empfiehlt es sich, sowohl das Datum der letzten Prüfung als auch, im Hinblick auf eine einfachere Organisation, das Datum der nächsten Prüfung anzugeben.
Weiterhin empfiehlt es sich. die ungültigen Plaketten zu entfernen, bevor neue Plaketten aufgeklebt werden.

Sollte es doch einmal dazu gekommen sein, dass sich das Messmittel bei der Messung als ungeeignet herausgestellt hat, weil es z. B. nach der letzten Anwendung unsachgemäß behandelt wurde, muss die Organisation darauf reagieren.

Sie muss bereits im Vorfeld festlegen, wie in einem solchen Fall mit früheren Messergebnissen umgegangen werden soll und welche weiteren Maßnahmen dann zu ergreifen sind, um die gewünschte Konformität der Produkte und Dienstleistungen weiterhin zu gewährleisten. Ein Umgang im Vorfeld könnte z. B. sein, die Überprüfung der Messmittel in einem kürzeren Zeitintervall durchzuführen, um z. B. eine Tendenz für eine stärker werdende Abweichung frühzeitig zu erkennen.

In speziellen Fällen kann es sein, dass eine Organisation keine Messmittel verwendet. Dann ist es möglich, diese Anforderung aufgrund der Nicht-Verwendbarkeit (die Anforderung ist „nicht zutreffend") auszuschließen. Dies sollte aber am besten mit einem externen Berater (z. B. einem Auditor) zuvor besprochen werden.

Wissen der Organisation
Das Wissen der Organisation ist das größte Gut und für jeden Prozess der Organisation als wichtigste Unterstützung anzusehen. Die Mitglieder der Organisation sammeln im Laufe der Existenz der Organisation einen immensen Reichtum an wertvollen Erfahrungen an. Sei es während eines Projekts, in dem etwas besonders gut oder auch besonders unvorteilhaft verlief oder aber auch durch die persönliche Erfahrung der (neuen) Mitarbeiter die in die Organisation einfließt.

Alle Prozesse, die in einer Organisation durchgeführt werden, benötigen ein dafür spezifisches Wissen. Es ist die Aufgabe der Organisation, festzulegen, welches Wissen

- benötigt wird,
- wie es dauerhaft präsent bleibt und allen Prozessanwendern zur Nutzung bereitgestellt wird,
- wie neues Wissen erlangt werden kann, wenn sich z. B. Prozesse oder Randbedingungen ändern.

Dieses organisationsspezifische Wissen hat in der Regel zwei Quellen (siehe auch Anmerkung 1 und 2 in Abschnitt 7.1.6 der Norm):

- Interne Quellen, z. B. durch die Mitarbeiter und geführten Projekte
- Externe Quellen, z. B. durch Schulungen und Austausch mit Externen

4.4.2 Kommentierung des Normenabschnitts 7.2 – „Kompetenz"

Um die Prozesse des Qualitätsmanagementsystems mit den gewünschten Ergebnissen ablaufen lassen zu können, sind nicht nur die dafür nötigen Materialien erforderlich, sondern auch Personen, die über die erforderlichen Kompetenzen verfügen. Die Kompetenz einer Person beschreibt ihre Fähigkeiten und Fertigkeiten, eine bestimmte Handlung auszuführen bzw. eine Anforderung umzusetzen.

Die Norm stellt hierzu folgende Anforderungen an die Organisation:

- Alle müssen über die erforderliche Kompetenz verfügen. Dieser Personenkreis umfasst neben fest angestellten Mitarbeitern auch Leiharbeitnehmer, Honorarkräfte, ehrenamtlich Tätige und Mitarbeiter externer Anbieter. Die Organisation hat dafür das Maß an Kompetenz des jeweiligen Mitarbeiters zu bestimmen.
- Falls es erforderlich sein sollte, muss die Organisation dafür sorgen, dass die Mitarbeiter entsprechend geschult werden und so die erforderliche Kompetenz erlangen. Das Ergebnis dieser Schulung/Weiterbildung/Mentoring ist zu bewerten (z. B. der Mitarbeiter hat „bestanden" oder „hat mit Erfolg teilgenommen" und ist damit einsatzfähig). Die Bewertung kann z. B. durch eine Prüfung, durch das Zeigen des Gelernten in der Praxisanwendung oder durch ein qualifiziertes Mitarbeitergespräch generiert werden.
- Sind z. B. Zeugnisse oder Seminarbescheinigungen als dokumentierte Informationen zu den Schulungen und Weiterbildungen vorhanden, müssen diese als Nachweis aufbewahrt werden. Andernfalls muss dieser Nachweis, z. B. bei einem Mentoring von Mitarbeiter zu Mitarbeiter, in der Personalakte hinterlegt werden.

4.4.3 Kommentierung des Normenabschnitts 7.3 – „Bewusstsein"

Im Abschnitt 7 der Norm werden vor allem unterstützende Elemente, die zur Erreichung der geforderten Anforderungen der Norm erforderlich sind, angegeben. Auch das Qualitätsbewusstsein ist eine solche Unterstützung.

Es ist erforderlich, dass die Organisation in der Organisation ein Qualitätsbewusstsein schafft. Alle Personen, die unter Aufsicht der Organisation eine Tätigkeit verrichten, sollen in der Organisation denken, planen und handeln, mit dem Ziel, die gewünschte Qualität der Produkte und Dienstleistungen zu erreichen und zu verbessern.

Im Qualitätsbewusstsein muss Folgendes verankert werden:

- Die Qualitätspolitik und konkrete Qualitätsziele.
- Jeder in der Organisation leistet seinen Beitrag zum Erreichen dieser Ziele und zur Verbesserung.
- Jedem in der Organisation sind die Konsequenzen bewusst, sollten erforderliche Anforderungen nicht erfüllt werden (können).

4.4.4 Kommentierung des Normenabschnitts 7.4 – „Kommunikation"

Kommunikation dient der Informationsweitergabe. Um die Prozesse im Qualitätsmanagementsystem steuern und beherrschen zu können, ist es erforderlich, die richtigen Informationen zur richtigen Zeit und auf die richtige Art und Weise zu transportieren. Ein geeignetes Kommunikationsmanagement bzw. ein Kommunikationsplan kann hier die nötige Struktur in die Abläufe bringen.

Die Organisation muss die Kommunikation mit folgenden Aspekten planen:

- Es muss sowohl die interne als auch die externe Kommunikation betrachtet werden.
- Es muss festgelegt werden, welche Kommunikation für das Qualitätsmanagementsystem relevant ist.
- Es muss Kriterien für
  - den Inhalt,
  - den Zeitpunkt,
  - den Kommunikationspartner und
  - die Art der Kommunikation geben.

- Abschließend muss geklärt sein, wer in der Organisation welche Themen kommunizieren darf, ob es z. B. für besondere Themen besondere Regeln zu geben hat.

Ein möglicher Kommunikationsplan könnte zur Unterstützung und zum Erreichen einer höchstmöglichen Transparenz als Tabelle mit den genannten Kriterien erstellt werden.

Was?	Wann?	An wen?	Wie?	Durch wen?
...	...	...	...	...

Tab. 1: Schematischer Kommunikationsplan

4.4.5 Kommentierung des Normenabschnitts 7.5 – „Dokumentierte Information"

„Dokumentierte Information" ist ein neuer Begriff, der die Bezeichnungen: Dokumente und Aufzeichnungen, inkl. Verfahrensanweisungen, das Qualitätsmanagementhandbuch (QMH) aus der DIN EN ISO 9001:2008, ersetzt.

Es gibt zwei grundlegende Anforderungen, welche dokumentierten Informationen in einer Organisation vorzuliegen haben:

- Alle, die von der Norm gefordert werden.
- Alle, die von der Organisation als erforderlich betrachtet werden, sodass das Qualitätsmanagementsystem die Ergebnisse mit den gewünschten Zielen liefert.

Welche zusätzlichen dokumentierten Informationen vorzuliegen haben ist jedoch individuell von der jeweiligen Organisation abhängig. Auch der konkrete Detaillierungsgrad gestaltet sich nach den in der Organisation verankerten Prozessen und Kompetenzen der Mitarbeiter.

Erstellen und Aktualisieren

Da auch dokumentierte Informationen eine erforderliche Unterstützung der Prozesse darstellen, ist es auch hier notwendig, zu planen und festzulegen, wie und in welchem Maß damit umzugehen ist.

Das Vorgehen beim Erstellen und Aktualisieren erfüllt die Anforderungen der Norm, wenn die dokumentierte Information so gekennzeichnet und beschrieben worden ist, dass jeder, der damit in Verbindung kommt, u. a. genau weiß ...

- wie die Bezeichnung dafür ist,
- wann sie erstellt wurde,
- von wem sie erstellt wurde,
- zu welchem Prozess sie gehört und
- ggf. weitere erforderliche Informationen enthält, die auf den ersten Blick zu erkennen sein müssen, um im entsprechenden Prozess richtig damit umgehen zu können, sodass es:
  - in einem sinnvollen Format bzw. auf einem sinnvollen Medium zur Nutzung vorliegt. Sinnvoll bedeutet hier, dass es für den Anwender am besten am Einsatzort nutzbar sein muss (z. B. Hinweistafel, Webdokument etc.).
  - regelmäßig auf ihre Verwendbarkeit („Ist die dokumentierte Information in dieser Art noch richtig und nützlich?") geprüft und schließlich zur Verwendung freigegeben werden kann.

Lenkung dokumentierter Information

Nach welchen Kriterien der Umgang mit den dokumentierten Informationen zu erfolgen hat, wird in diesem Unterkapitel beschrieben (siehe Abschnitt 7.5.3 der Norm).

Die Bezeichnung „Lenken" ist als kontrollierter Umgang anzusehen. Die erforderlichen dokumentierten Informationen, die nach den eben genannten Anforderungen erstellt wurden, müssen demnach

- für die jeweiligen Prozesse nutzbar sein, und das sowohl örtlich als auch zeitlich.
- sicher aufbewahrt werden, sodass sie nicht in falsche Hände geraten oder zu falschen Zwecken verwendet werden können.

4.4 Unterstützung und Ressourcen
4 Kommentierung der Normenabschnitte

> **⇨ Beispiel**
>
> **Dokumentenlenkung**
> Geräte, die durch Software gesteuert werden, erhalten regelmäßige Software-Updates, die Auswirkungen auf die Funktion und Bedienung der Geräte haben können. Zur Dokumentenlenkung gehört, dass die entsprechenden Bedienungsanleitungen überprüft und gegebenenfalls durch neue Versionen ersetzt werden. Die aktuelle Bedienungsanleitung muss jedem Anwender zugänglich sein. Die Bedienungsanleitung muss als externes Dokument so gekennzeichnet sein, dass der Anwender in der Lage ist die Aktualität zu prüfen.

Weiterhin muss die Organisation im Umgang mit dokumentierten Informationen „falls zutreffend" auch die folgenden Aspekte mit berücksichtigen:

- an welchen Kreis und auf welche Weise die Informationen verteilt werden sollen/dürfen
- wie spezielle Zugriffsrechte gegeben werden (z. B. nur Lesen oder Lesen und Ändern von Dokumenten)
- wie die Informationen gefunden werden können
- wie sie zu verwenden sind
- wie und wo sie für einen späteren Gebrauch hinterlegt werden und dort auch langfristig nutzbar bleiben (also z. B. nicht gelöscht, verunreinigt, unleserlich werden)
- wie Änderungen an und in den dokumentierten Informationen dokumentiert bzw. gekennzeichnet werden (z. B. Versionsverzeichnis etc.)
- wie lang diese Informationen aufbewahrt bzw. wie sie ggf. sicher vernichtet werden sollen

Viele Betriebe haben nicht nur interne dokumentierte Informationen zu lenken. Auch die von externen Anbietern müssen entsprechend den Anforderungen behandelt werden und zudem eindeutig als externe Informationsquelle gekennzeichnet werden.

4.4 Unterstützung und Ressourcen
4 Kommentierung der Normenabschnitte

Messprotokolle und weitere Nachweisdokumente, die als Beweis für erbrachte Ergebnisse und die Konformität der Produkte und Dienstleistungen erstellt worden sind, dürfen nicht ungewollt verändert werden und müssen daher z. B. mit einem Schreibschutz oder einer ähnlichen Sicherung vor Zerstörung oder Änderung geschützt werden.

> **Beispiel**
>
> Im Dienstleistungsbereich zählen zu solchen Nachweisdokumenten auch Leistungsnachweise, die z. B. mithilfe von Leistungsschnittstellenvereinbarungen im Bereich der Werksverträge oder auch durch andere Aufzeichnungen (z. B. Protokolle, Schriftverkehr und dergleichen) erhoben werden.

4.5 QM im Betrieb

Im Folgenden wird der Abschnitt 8 „Betrieb" der aktuellen Norm kommentiert. Er ist in insgesamt sieben Unterkapitel mit weiteren Unterabschnitten aufgeteilt. Es ist der Teil, in dem die Umsetzung der Prozesse beschrieben wird, welcher mit dem Abschnitt der früheren Version der Produktrealisierung zu vergleichen ist.

Im Abschnitt 8 sind folgende Themen enthalten: Abschnitt 8.1 „Betriebliche Planung und Steuerung" bei dem es vor allem um die Planung der Prozesse im Qualitätsmanagementsystem geht. Abschnitt 8.2 „Anforderungen an Produkte und Dienstleistungen" betrachtet die Kundenkommunikation und die Anforderungen an das Produkt und die Dienstleistung. Ab-schnitt 8.3 „Entwicklung von Produkten und Dienstleistungen" behandelt Entwicklungsplanung, -eingaben, -ergebnisse, -änderungen und die Steuerung der Entwicklung. Abschnitt 8.4 „Steuerung von extern bereitgestellten Prozessen, Produkten und Dienstleistungen" hat das Thema die Anforderungen an externe Anbieter bezüglich ihrer bereitgestellten Prozesse, Produkte und Dienstleistungen festzulegen. Abschnitt 8.5 „Produktion und Dienstleistungserbringung" befasst sich mit dem Thema der beherrschten Bedingungen für die Prozesse, um den Umgang mit den Ergebnissen zu steuern. Abschnitt 8.6 „Freigabe von Produkten und Dienstleistungen" klärt, wie Produkte und Dienstleistungen zur weiteren Verwendung freigegeben werden müssen. Abschnitt 8.7 „Steuerung nichtkonformer Ergebnisse" zeigt den Umgang mit nichtkonformen Ergebnissen im Rahmen des Qualitätsmanagementsystems.

4.5.1 Kommentierung des Normenabschnitts 8.1 – „Betriebliche Planung und Steuerung"

Der Abschnitt 8.1 der Norm beschreibt Anforderungen zur Planung, Verwirklichung und Steuerung der Prozesse. Hierfür muss Folgendes erfüllt werden:

- Die Anforderungen an die Produkte und Dienstleistungen, also die Prozessergebnisse, müssen zuvor bestimmt worden sein. Wenn das Ziel genau bekannt ist, kann auch der Weg entsprechend geplant werden.
- Für alle Prozesse müssen Kriterien festgelegt werden, genauso wie für die Annahme der Produkte und Dienstleistungen. Das heißt, was ist ein Prozess oder ein Produkt, wann fängt er/es an, wann hört er/es auf, welchen Ablauf muss ein Prozess, welche Beschaffenheit muss ein Produkt aufweisen, um als konform zu gelten. Gleiches gilt für Dienstleistungen.
- Damit die Produkte und Dienstleistungen schließlich der Konformität entsprechen, müssen ebenso die dafür benötigten erforderlichen Ressourcen festgelegt werden.
- Die Prozesse müssen so gesteuert werden, dass es zu den festgelegten Kriterien passt.
- Um nachweisen zu können, dass die Prozesse korrekt durchgeführt wurden und um die Konformität der Produkte und Dienstleistungen nachzuweisen, ist es erforderlich, hierzu dokumentierte Informationen zu erstellen. Den Umfang und Detaillierungsgrad der Dokumentation bestimmt dabei die Organisation selbst, angepasst auf den jeweiligen Prozess.

Wenn die Prozesse mit diesen Anforderungen geplant werden, muss dabei ein reibungsloser Betriebsablauf gewährleistet sein.

Wenn an den Prozessen Änderungen durchgeführt werden müssen, ist es eine Anforderung, dass dies mit einer Überwachung geschieht. Sollte eine unerwartete Prozessänderung vorliegen, muss der Einfluss dieser

Änderung vorab geprüft werden und ggf. müssen geeignete Maßnahmen ergriffen werden, falls die Gefahr besteht, dass eine negative Auswirkung für den Prozess oder das Prozessergebnis zu erwarten ist.

Auch Prozesse, die nicht in der Organisation durchgeführt werden, sind laut der Anforderung zu steuern. Die Planung wird hier in der Regel durch den externen Anbieter durchgeführt.

4.5.2 Kommentierung des Normenabschnitts 8.2 – „Anforderungen an Produkte und Dienstleistungen"

Der Abschnitt 8.2 „Anforderungen an Produkte und Dienstleistungen" ist in vier Unterkapitel aufgeteilt. Es geht um die Kommunikation mit dem Kunden und darum, wie die Anforderungen an das Produkt und die Dienstleistungen bestimmt, geprüft und geändert werden können.

Kommunikation mit dem Kunden
Bei der Kommunikation mit dem Kunden sind mehrere Aspekte zu berücksichtigen:

- Kunden müssen an Informationen zum Produkt oder der Dienstleistung der Organisation gelangen können. Sie müssen sich z. B. über die für sie relevanten Eigenschaften der Produkte informieren können, sei es persönlich, mithilfe von Informationsbroschüren oder mithilfe der Webseite der Organisation.
- Es muss geregelt sein, wie die Kommunikation mit dem Kunden in Bezug auf Anfragen, Verträge bzw. Aufträge verlaufen soll und wie im Fall einer Änderung durch den Kunden (z. B. Änderung des Bestellumfangs) die Kommunikation durchgeführt werden soll.

 Praxistipp

Wenn Sie sich einen Onlineversandhandel vorstellen und alle Elemente eines Bestellvorgangs vor Augen haben, fallen Ihnen sicherlich auch noch Kommunikationselemente ein, die anders, besser oder überhaupt möglich sein sollten (sowohl aus Sicht des Kunden und als aus Ihrer Sicht).

> Stellen Sie sich die Frage als Kunde, was Sie von dem Unternehmen benötigen würden, um genau das Produkt oder die Dienstleistung zu erhalten, das/die in Ihrer Vorstellung existiert. Auf welche Art müssten Anfragen geklärt werden können? Müsste es für mich als Kunden die Möglichkeit geben, dass ich auch noch bei einer getätigten Bestellung etwas ändern kann? Wie lange sollte dies möglich sein und woher bekomme ich als Kunde die Anleitung für die Durchführung einer solchen nachträglichen Änderungsmitteilung?

- Auf welche Art und Weise der Kunde ein Feedback zu seiner Bestellung/seinem Auftrag an die Organisation vermitteln kann und auch wie die Kommunikation in einem Reklamationsverfahren aussehen muss, ist festzulegen. Dies hilft sowohl dem Kunden als auch der Organisation
- Falls der Kunde das von der Organisation gekaufte Produkt zurücksendet, muss die Organisation festlegen wie mit dem Eigentum des Kunden umgegangen werden soll bzw. auch wie es sicher an die richtigen Positionen (z. B. Reparaturwerkstatt, Poststelle) weitergeleitet und gesteuert wird, damit es ohne Einschränkungen (wieder) an den Kunden gelangen kann.
- Der letzte wichtige Punkt betrifft die Anforderung an Notfallmaßnahmen. Hierbei muss es für spezifische Notfälle (z. B. außerplanmäßige Ereignisse, die einen möglichen ungewollten Schaden verursachen können, wenn nicht eingegriffen wird) einen Ablaufplan geben, wie dann vorzugehen ist.

Die Fragen hierzu könnten sein:

- Was ist ein Notfall?
- Wie erreiche ich im Notfall den Kunden?
- Wie erreiche ich im Notfall das Produkt, um es z. B. vor dem Einsatz/ vor der Auslieferung zu reparieren?
- Was ist zu tun, wenn eine vereinbarte Dienstleistung nicht erbracht werden kann?

Manchmal wird die Kundenkommunikation vernachlässigt, weil sich die Organisation mehr mit der Erfüllung der Anforderungen für die Produkte und Dienstleistungen beschäftigt, da dies als das Kerngeschäft angesehen wird. Doch wie schon im Kapitel 4.1 „Kontext der Organisation" beschrieben, sind die Anforderungen des Kunden und weiterer interessierter Parteien nicht zu vernachlässigen. Gerade die Kommunikation spielt für den Erfolg einer Organisation oft die größte Rolle, denn in diesem Moment fühlt sich der Kunde verstanden und wahrgenommen. Denn schließlich ist das Ziel eines funktionierenden Qualitätsmanagementsystems auch die Erhöhung der Kundenzufriedenheit und diese lässt sich ebenso oft nur durch die richtige Art der Kommunikation gewährleisten.

Bestimmen der Anforderungen

Die für den Kunden bestimmten Produkte und Dienstleistungen haben bestimmte Anforderungen zu erfüllen. Diese Anforderungen müssen durch die Organisation festgelegt werden.

Hierbei müssen folgende Dinge beachtet werden:

- Die festgelegten Anforderungen müssen auch gesetzliche und behördliche Bestimmungen mitberücksichtigen und dürfen diese nicht unbeachtet lassen.

⇨ Beispiel

Ein Auto muss so konstruiert und hergestellt werden, dass es beim TÜV eine Zulassung für den Straßenverkehr erhält.

- Es müssen alle Anforderungen mitberücksichtigt werden, die die Organisation selbst für erforderlich hält, um ihr gewünschtes Produkt oder ihre gewünschte Dienstleistung den Kunden anbieten zu können.
- Die Anforderungen müssen so gewählt werden, dass die Organisation diese auch zu jeder Zeit erfüllen kann.

Überprüfung der Anforderungen

Die bestimmten Anforderungen müssen durch die Organisation überprüft werden können, also z. B. messbar und bewertbar sein, da sonst nicht entschieden werden kann, ob z. B. das Produkt oder die Dienstleistung die gewünschte Konformität besitzt.

4.5 QM im Betrieb
4 Kommentierung der Normenabschnitte

In diesem Moment, wenn die Organisation mit einem Kunden einen Vertrag abschließt, der besagt, dass ein bestimmtes Produkt oder eine bestimmte Dienstleistung erbracht werden muss, verpflichtet sich die Organisation dazu, die Anforderungen daran im Vorfeld überprüft zu haben, so dass nur das gewünschte Ergebnis an den Kunden gelangt.

Die vor Vertragsabschluss laufende Überprüfung muss daher folgende Aspekte einschließen:

- Sind die Kundenanforderungen erfüllt?
- Sind die Lieferanforderungen erfüllt?
- Gibt es Anforderungen, die Tätigkeiten nach der Lieferung erforderlich machen, und sind diese erfüllt?
- Gibt es Anforderungen, die vom Kunden nicht explizit verlangt wurden, aber z. B. von der Beschaffenheit des Produkts oder von dessen Einsatzzweck zu erwarten sind? Und sind diese Anforderungen erfüllt?
- Sind die Anforderungen, die von der Organisation festgelegt wurden, erfüllt?
- Sind alle gesetzlichen und behördlichen Anforderungen erfüllt?
- Gibt es Anforderungen, die sich von den eben genannten unterscheiden, jedoch im Vertrag oder Auftrag hinterlegt worden sind? Wenn ja, ist zu klären, wie mit diesen Anforderungen umgegangen werden soll und wann diese als erfüllt gelten.

Es ist weiterhin erforderlich, dass die Kundenanforderungen durch die Organisation bestätigt werden, wenn diese nicht z. B. im Zuge der Bestellung in dokumentierter Form vorliegen. Dies ist als Rückversicherung für beide Parteien zu verstehen.

Beispiel

Ein Kunde geht in einen Massagesalon und möchte eine Wellnessmassage erhalten. Er gibt an, dass er Probleme in der linken Schulter hat und deshalb hier eine Bewegungseinschränkung und Schmerzen unter Druck vorliegen, worauf bei der Massage zu achten ist.
Der Masseur stellt daraufhin z. B. die Rückfrage: „Ich habe verstanden, Sie wünschen eine Wellnessmassage, bei der ich auf die Bewegungseinschränkung Ihrer linken Schulter achte und auf eine druckintensive Massage hier aktuell verzichte. Ist das richtig?" Antwortet

der Kunde mit „Ja.", so ist der Vertrag bezüglich der Kundenanforderungen abgesichert worden und die Dienstleistung kann im geforderten Rahmen erfüllt und daraufhin auch später überprüft werden.

Sollte für die ursprünglichen und auch für neue Anforderungen und die Überprüfung dieser dokumentierten Informationen z. B. ein Vertrag erstellt worden sein bzw. vorliegen, muss dieser von der Organisation aufbewahrt werden.

Änderungen von Anforderungen

Für den Fall, dass die Anforderung an Produkte und Dienstleistungen geändert werden muss, sind alle relevanten Informationen zur Änderung durch die Organisation als dokumentierte Information zu erstellen und aufzubewahren. Liegen bereits dokumentierte Informationen zum Produkt oder der Dienstleistung vor, so ist die Dokumentation zu aktualisieren. Alle Personen, die für die Erfüllung der Anforderungen zuständig sind, müssen rechtzeitig von diesen Änderungen erfahren, sodass diese Personen ihre Arbeitsschritte an die Änderungen anpassen können.

> **Beispiel**
>
> Vielleicht war es bisher die Anforderung an ein Produkt, abschließend mit dem Klarlack der Firma „XY" behandelt zu werden. Jetzt sind die Kosten für den Erwerb des Klarlacks der Firma „XY" stark angestiegen, weshalb die Geschäftsleitung beschlossen hat, die Ausgaben nicht zu erhöhen, und nun einen günstigeren Klarlack der Firma „0815" einsetzt.
> Natürlich ist in diesem Fall zuvor getestet worden, dass die Änderung des Herstellers für den Klarlack keinen Einfluss an der Konformität des Produktes hat. Ist dies der Fall, wird in den Unterlagen zum Produkt und z. B. in der Arbeitsanweisung für die Herstellung dieser neue Klarlack hinterlegt und die Mitarbeiter, die für diesen Prozessschritt verantwortlich sind, über die Änderung im Vorfeld informiert und ggf. geschult.

4.5.3 Kommentierung des Normenabschnitts 8.3 – „Entwicklung von Produkten und Dienstleistungen"

Dieser Normenabschnitt 8.3 ist in sechs weitere Unterkapitel eingeteilt.

Im Hinblick auf den prozessorientierten Ansatz der Norm werden auch Anforderungen an die Entwicklung von Produkten und Dienstleistungen gestellt, sodass ein Entwicklungsprozess zu planen, durchzuführen und aufrechtzuerhalten ist. Die speziellen Anforderungen zu diesen einzelnen Prozessschritten werden im Folgenden näher beschrieben.

Entwicklungsplanung
Jeder Entwicklungsprozess muss geplant werden. Hierfür gelten laut der Norm (Abschnitt 8.3.2) zehn Anforderungen, die bei der Planung der Entwicklungsphasen und der Bestimmung der Steuerungsmaßnahmen zu erfüllen sind:

1. Welche Art von Entwicklungstätigkeiten wird erbracht? Wie lang werden diese Tätigkeiten dauern? Wie groß ist der Umfang dieser Tätigkeiten?
2. Welche Prozessphasen müssen gegeben sein? Wann sind Überprüfungen (Meilensteine) zwischen den Phasen angedacht?
3. Welche Tätigkeiten zur Verifizierung und Validierung der Entwicklungsergebnisse sind erforderlich?
4. Wer ist für welche Entwicklungsphase zuständig und wie sind die Verantwortlichkeiten und Befugnisse der beteiligten Personen zugewiesen?
5. Welcher Ressourcenbedarf besteht für die Entwicklung von Produkten und Dienstleistungen sowohl intern als auch extern?
6. In welchem Ausmaß müssen Steuerungsmaßnahmen bestimmt werden, die für den reibungslosen Ablauf zwischen den beteiligten Personen an den prozessinternen Schnittstellen dienlich sind?
7. Ist die Notwendigkeit gegeben (potenzielle) Kunden bereits in der Entwicklungsphase mit in den Prozess einzubeziehen?

8. Sind alle Anforderungen an die Produktion und Dienstleistungserbringung festgelegt und wie beeinflussen diese den Entwicklungsprozess?
9. Aus welcher Ebene müssen steuernde Maßnahmen in den Entwicklungsprozess einfließen? Kunden und weitere interessierte Parteien haben hier ggf. unterschiedliche Erwartungen, die zu erfüllen sind. Die Frage ist hier z. B: Reicht die Entscheidung durch den Prozessmitarbeiter oder muss sie durch die Geschäftsführung bestimmt sein?
10. Was und in welchem Ausmaß muss für den Entwicklungsprozess dokumentiert werden und wie ist es aufzubewahren bzw. für Nutzer zugänglich zu machen, sodass jederzeit sichergestellt ist, dass die Anforderungen an die Entwicklung erfüllt werden?

Entwicklungseingaben

Als Entwicklungseingaben werden alle nötigen Informationen angesehen, die am Ende die Anforderungen an das Produkt oder die Dienstleistung bestimmen. Darin enthalten sind z. B. Informationen über die Größe, das Gewicht oder die Ausmaße, genauso wie über die Dauer oder den Umfang einer Dienstleistung.

Folgende Eingaben sind von wesentlicher Bedeutung und müssen durch die Organisation beachtet werden:[1]

- Welche Funktion und welche Leistung soll das Produkt oder die Dienstleistung umfassen?
- Sind Informationen aus früheren Entwicklungstätigkeiten vorhanden (z. B. Vorgängermodelle, frühere Beratungstätigkeiten), die zum Vergleich herangezogen werden können?
- Welche gesetzlichen oder behördlichen Anforderungen müssen berücksichtigt werden?
- Gibt es Praxisvorgaben (Verfahrensanweisungen, Normen o. Ä. auf deren Basis die Organisation ihre Dienstleistungen erbringen und Produkte herstellen muss, die für die Entwicklungsplanung nötig sind?

---

[1] Vgl. DIN EN ISO 9001:2015-11, Qualitätsmanagementsysteme - Anforderungen (ISO 9001:2015), Abschnitt 8.3.3.

- Wie kann möglichen Konsequenzen vorgebeugt werden, die Folge der Produkt- oder Dienstleistungsart sind?

Alle Eingaben für den Prozess müssen natürlich auf den Zweck der Entwicklung zugeschnitten sein. Es dürfen weder Informationen fehlen noch dürfen sie missverständlich sein. Sollte es dazu kommen, dass Widersprüche bei den Eingaben erkannt worden sind, müssen diese umgehend behoben werden. Alle erforderlichen dokumentierten Informationen zu den Eingaben sind (u. a. auch wieder für spätere neue Entwicklungen) durch die Organisation geeignet aufzubewahren.

Steuerungsmaßnahmen für die Entwicklung
Die Norm stellt in Abschnitt 8.3.4 die Anforderung, dass es für Entwicklungsprozesse definierte Steuerungsmaßnahmen geben muss. Diese Steuerungsmaßnahmen müssen im Vorfeld festgelegt werden, da sie spätestens mit dem Start des Entwicklungsprozesses Anwendung finden. Es geht darum, klare Vorgaben für festgelegte Tätigkeiten zur Verfügung zu stellen, und das für jeden Zeitpunkt, in dem die Entwicklungsergebnisse nach unterschiedlichen Kriterien zu prüfen sind.

Die Steuerungsmaßnahmen beziehen sich auf folgende (Prüfungs-)Kriterien:

- Sicherung definierter Ergebnisse aus den Entwicklungsprozessen
- Bewertung der Entwicklungsergebnisse bezüglich ihrer Anforderungen
- Verifizierung der Entwicklungsergebnisse bezüglich der Anforderungen aus den Entwicklungseingaben („Wurde der Prozess richtig durchgeführt?")
- Validierung der Entwicklungsergebnisse bezüglich der Anforderungen zum Gebrauch und zur Anwendung („Wurden die richtigen Produkte und Dienstleistungen entwickelt?")
- Einsatz von Maßnahmen zur Problembehebung während der Prüfungen
- Umgang und Aufbewahrung der zugehörigen dokumentierten Informationen

Die Festlegung der Steuerungsmaßnahmen hat den Vorteil, dass die Überprüfungen, Validierungen und Verifizierungen der Entwicklungsergebnisse nicht wahllos irgendwann im Prozessablauf durchgeführt werden, sondern dass hiermit ein klarer Ablauf dieser Prüfungen festgelegt wird. Damit werden alle Anforderungen der Norm erfüllt und es kann nichts vergessen werden.

Die Norm gibt die Anmerkung, dass es hierbei sinnvoll sein kann, die Prüfungsschritte je nach Produkt und Dienstleistung getrennt voneinander oder aber auch im Zusammenspiel zu betrachten.

> **Beispiel**
>
> Ist das Entwicklungsergebnis z. B. eine Online-Schulung zum Thema Qualitätsmanagement, so könnten folgende Kriterien hierbei geprüft werden:
>
> Gibt es ein definiertes Ergebnis der Schulung?
> - Z. B. Art und Menge des Wissens (Inhalt, Tiefe, Komplexität), das mit der Schulung übermittelt werden muss
>
> Wie werden die Anforderungen an die Schulung geprüft und bewertet?
> - Z. B. durch die Anwendung einer Checkliste, zur Überprüfung aller geforderten Themen und Stichpunkte
> - Z. B. die Durchführung einer Validierung, mit der Frage, ob die Schulung wirklich online, ohne sichtbaren Dozenten haltbar und für die Schüler verständlich ist
>
> Gibt es Maßnahmen zur Problembehebung?
> - Wird z. B. erkannt, dass in den Schulungsunterlagen ein Thema nicht behandelt wurde und damit das Entwicklungsergebnis nicht den Anforderungen entspricht, so muss z. B. eine Maßnahme definiert sein, mit der dieses Thema noch vor der Veröffentlichung der Online-Schulung in die Unterlagen aufgenommen werden kann. (Hierbei sind folgende mögliche Schritte zu bedenken: Kontakt an Verfasser der Online-Schulung, Zeitfenster zur Korrektur, Art der Übermittlung, Möglichkeit zur Einbettung des Themas etc.)

Wie werden diese Prüfungstätigkeiten zu der Entwicklung der Online-Schulung dokumentiert und aufbewahrt?
- Z. B. durch ein spezielles Formular für die Entwicklung von Online-Schulungen, in dem alle Prüfungsergebnisse und zugehörigen Steuerungsmaßnahmen, mit allen zugehörigen Daten (z. B. mit folgenden Elementen: Datum der Prüfung, Verantwortlicher, offene Tätigkeiten, zu erledigen bis ... etc.) und in einem speziellen Ordner für dieses Entwicklungsprojekt hinterlegt werden.

Entwicklungsergebnisse

Dieses Unterkapitel (Abschnitt 8.3.5) beschäftigt sich nun ausschließlich mit den Anforderungen an die Entwicklungsergebnisse.

Es gelten für die Organisation folgende Anforderungen:

- Die Entwicklungsergebnisse müssen die Anforderungen aus den Entwicklungseingaben erfüllen.
- Sie müssen für nachfolgende Prozesse verwendbar sein, um schließlich die Produkte und Dienstleistungen für den Kunden bereitstellen zu können.
- Die Entwicklungsergebnisse müssen „soweit zutreffend" Angaben enthalten, wie die zugehörigen Anforderungen überwacht oder gemessen werden können. Außerdem sind auch sogenannte Annahmekriterien zu bestimmen, d. h., dass das Entwicklungsergebnis angenommen werden kann, wenn bestimmte Kriterien erfüllt worden sind (z. B. ein Messwert mit einer definierten Abweichung nicht über- oder unterschritten wurde).
- In den Entwicklungsergebnissen sind ebenso die Eigenschaften der Produkte und Dienstleistungen festzulegen. Hiermit wird u. a. sichergestellt, dass die Produkte und Dienstleistungen für den geplanten Zweck sowie sicher und ordnungsgemäß bereitgestellt werden.
- Die dokumentierten Informationen zu den Entwicklungsergebnissen müssen durch die Organisation aufbewahrt werden.

Beispiel

Ist das Entwicklungsergebnis z. B. ein neues Werkzeug, um Kunststoff in eine Form zu pressen, so gibt das Entwicklungsergebnis die Eigenschaften des Produktes an: z. B. eine Frisbee-Scheibe mit einem Durchmesser von 34,5 cm und einer Dicke von 0,2 cm.

Da beim Pressen Grate am Produkt entstehen, die vor Auslieferung entfernt werden müssen, ist auch dies für das Entwicklungsergebnis zu beschreiben. Es könnte z. B. heißen: „Die frisch gepressten Frisbee-Scheiben müssen in einem weiteren Prozessschritt von den überstehenden Graten durch die Maschine XY innerhalb der nächsten zwei Stunden entfernt werden, um eine vollständige Entfernung des Grates zu gewährleisten und damit einer späteren Verletzungsgefahr vorzubeugen."

Entwicklungsänderungen

Während eines Entwicklungsprozesses von Produkten und Dienstleistungen kann es erforderlich sein, dass Änderungen bereits hier mit einfließen müssen. Es könnte zum Beispiel beim Bau eines Prototyps eine Funktionseinschränkung/Nichtkonformität entdeckt worden sein, die eine sofortige Änderung zwingend notwendig macht.

Diese Änderungen müssen:

- festgestellt werden („Ist die Änderung wirklich erforderlich?")
- überprüft werden („Erlangt das gewünschte Produkt durch die Änderung ohne Einschränkungen wieder seine Konformität?")
- gesteuert werden („Wann muss die Änderung in welchem Maß einsetzen, wer muss davon wie und bis wann in Kenntnis gesetzt werden etc.?")

Alle Informationen zu beschlossenen und durchgeführten sowie auch abgelehnten Änderungen müssen durch die Organisation als dokumentierte Information aufbewahrt werden.

Diese müssen folgende Inhalte aufweisen:

- alle wesentlichen Informationen zur Änderung selbst
- die Ergebnisse der Überprüfung
- die Bestätigung, dass die Änderung durchgeführt werden soll (Autorisierung)
- Informationen zu vorbeugenden Maßnahmen, die mögliche negative Auswirkungen durch die Änderung verhindern sollen (siehe auch Kapitel 4.6.1 „Messung und Überwachung")

4.5.4 Kommentierung des Normenabschnitts 8.4 – „Steuerung von extern bereitgestellten Prozessen, Produkten und Dienstleistungen"

Werden von der Organisation extern bereitgestellte Ergebnisse verwendet, so muss sie auch hier sicherstellen, dass die notwendigen Anforderungen erfüllt sind. Ebenso ist sie von der Norm verpflichtet, auch für die externen Prozesse und Ergebnisse externer Anbieter Steuerungsmaßnahmen zu definieren.

Werden von der Organisation extern bereitgestellten Ergebnisse verwendet, so muss sie auch hier sicherstellen, dass die notwendigen Anforderungen erfüllt sind. Ebenso ist sie von der Norm verpflichtet, auch für die externen Prozesse und Ergebnisse externer Anbieter Steuerungsmaßnahmen zu definieren.

Diese Maßnahmen sind durchzuführen, wenn

- es eine Integration der externen Produkte und Dienstleistungen in die organisationsinternen geben soll,
- ein externer Anbieter den Auftrag erhalten hat, seine Produkte und Dienstleistungen direkt an den Kunden auszuliefern,
- organisationsinterne Prozesse oder Teilprozesse durch externe Anbieter übernommen werden.

In der nachstehenden Grafik ist der Weg der Produkte und Dienstleistungen zum Kunden schematisch dargestellt.

4.5 QM im Betrieb

4 Kommentierung der Normenabschnitte

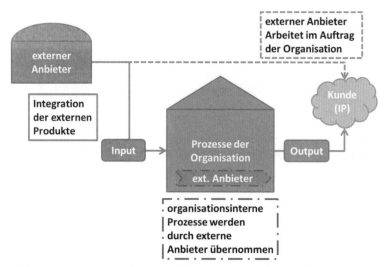

Bild 1: Steuerung extern bereitgestellter Prozesse, Produkte und Dienstleistungen (Quelle: Dr. Susanne Fiege)

Die Auswahl externer Anbieter muss ebenso geregelt werden. Hierzu stellt die Norm folgende Anforderungen, welche in Bezug zu externen Anbietern festgelegt und angewendet werden müssen:

- Beurteilungskriterien
- Auswahlkriterien
- Kriterien zur Leistungsüberwachung
- Kriterien zur Neubeurteilung

Für Beurteilungskriterien könnte z. B. eine Art Notensystem zu verschiedenen Gesichtspunkten des externen Anbieters herangezogen werden. Mögliche Noten könnten so z. B. für Pünktlichkeit, Genauigkeit, Preis, Erfahrungswerte in ähnlichen Projekten und dergleichen erhoben werden.

Die Auswahlkriterienbeziehen sich dann eher auf ein Verfahren, das die Auswahl verschiedener externer Anbieter ggf. mit einer Art Entscheidungsmatrix ermöglichen soll. Hier könnten z. B. ein Vergleich der Leistungsbewertung, die Entfernung zur Organisation, die Werte der anderen Lieferanten oder auch erlangte Zertifikate oder Preise („bester Dienstleister im Bereich XY") ausschlaggebend sein.

Wenn die Zusammenarbeit mit dem externen Anbieter von der Organisation beschlossen wurde, so muss die Leistung des externen Anbieters überwacht werden (genauso, wie es auch in der Organisation für interne Prozesse der Fall ist). Welche Kriterien die Organisation dabei für wichtig erachtet, bleibt ihre Entscheidung. Eine Überwachung muss jedoch stattfinden, da so z. B. eine sich einschleichende Nichtkonformität frühzeitig erkannt werden kann (vgl. Kapitel 4.4.1 Stichwort Messmittel).

Im Zuge der Zusammenarbeit ist es ebenso sinnvoll, den externen Anbieter in regelmäßigen Abständen neu zu beurteilen. Schließlich ist es möglich, dass im Laufe der Zeit neue Anforderungen an die Produkte und Dienstleistungen gestellt werden, die vielleicht durch andere externe Anbieter besser erfüllt werden können oder an die sich der aktuelle Anbieter ansprechend anpassen sollte.

Auch hier stellt die Norm schließlich wieder die Anforderung nach der Erstellung und Aufbewahrung von dokumentierten Informationen zu allen Tätigkeiten, die im Rahmen der extern bereitgestellten Prozesse, Produkte und Dienstleistungen gesammelt worden sind.

Art und Umfang der Steuerung
Für die extern bereitgestellten Prozesse, Produkte und Dienstleistungen gilt weiterhin, dass diese keine Nachteile für die Organisation mit sich bringen dürfen. Die Organisation muss sicherstellen, dass der Kunde jederzeit die erwarteten konformen Produkte und Dienstleistungen erhält, wie sie ihm versprochen wurden.

Hierzu stellt die Norm folgende Anforderungen an die Art und den Umfang der Steuerung:

- Extern bereitgestellte Prozesse sind weiterhin durch das eigene Qualitätsmanagementsystem zu steuern.

- Sowohl externe Anbieter als auch deren Ergebnisse müssen in diesem Fall durch die Organisation mit konkreten Maßnahmen gesteuert werden. Diese sind hierzu von der Organisation zu definieren.
- Die Organisation muss zu jeder Zeit die Kundenanforderungen und die behördlichen sowie gesetzlichen Anforderungen mit ihren Ergebnissen erfüllen. Zur zielgerichteten Steuerung müssen daher die potenziellen Auswirkungen der extern bereitgestellten Ergebnisse auf diese Anforderungen berücksichtigt werden. (Eine Frage könnte sein: „Wenn das Zwischenprodukt eines medizinischen Wirkstoffs immer aus dem Labor in China geliefert wird, kann es dann, z. B. aufgrund anderer Umwelteinflüsse, die gesetzlichen Anforderungen in Europa dauerhaft erfüllen?")
- Auch der externe Anbieter wird Maßnahmen zur Steuerung seiner Produkte und Dienstleistungen anwenden. Hierzu muss die Wirksamkeit dieser Maßnahmen durch die Organisation berücksichtigt werden. (Eine Frage könnte hier z. B. sein: „Liegen dem externen Anbieter die gleichen Messmethoden und Möglichkeiten vor wie der eigenen Organisation?")
- Schließlich müssen die externen Prozesse, Produkte und Dienstleistungen so geprüft werden, dass sichergestellt ist, dass sie die festgelegten Anforderungen erfüllen. Darum muss die Organisation hierfür festlegen, wie und durch wen die Verifizierung oder auch andere Tätigkeiten zur Prüfung durchzuführen sind.

Information für externe Anbieter
Entscheidet sich die Organisation dafür, mit externen Anbietern zusammenzuarbeiten, so müssen auch die erforderlichen Informationen von der Organisation an den externen Anbieter übermittelt werden.

Bevor Informationen weitergegeben werden, muss sich die Organisation die Frage stellen, ob die gestellten Anforderungen für den externen Prozess oder das externe Produkt bzw. die externe Dienstleistung angemessen sind.

Wenn dies bestätigt ist, muss die Organisation die Informationen zu den Anforderungen mit folgenden Inhalten weitergeben:

- Welcher Prozess, welches Produkt oder welche Dienstleistung durch den externen Anbieter bereitzustellen ist.

- Welche Anforderungen erfüllt sein müssen, damit
  - Produkte und Dienstleistungen;
  - Methoden, Prozesse und Ausrüstungen;
  - Freigaben von Produkten und Dienstleistungen genehmigt werden können.
- Welche Kompetenzen und erforderlichen Qualifikationen die mitwirkenden Personen vorweisen müssen.
- Wie der externe Anbieter und die Organisation in diesem Fall zusammenwirken bzw. zusammenarbeiten.
- In welcher Art und Weise die Leistungsüberwachung des externen Anbieters durch die Organisation durchgeführt wird.
- Und schließlich, welche Tätigkeiten in Bezug auf Validierung und Verifizierung durch die Organisation oder den Kunden durchgeführt werden und damit vom externen Anbieter zu erwarten sind.

✓ Praxistipp

Die erfolgreiche Zusammenarbeit mit externen Anbietern erfordert in der Regel eine sehr gute Kommunikation zwischen beiden Parteien. Bedenken Sie dabei, dass diese Beziehung ähnlich wie eine Partnerschaft ablaufen kann. Niemand ist in der Lage, die Gedanken des Gegenübers zu erraten, um schließlich richtig zu handeln.
Geben Sie Ihrem Gegenüber, dem externen Anbieter, klare und unmissverständliche Informationen zu Ihren Anforderungen und den Konsequenzen bei Nichterfüllung, so bleiben Ihnen oft unnötige Komplikationen erspart.

4.5.5 Kommentierung des Normenabschnitts 8.5 – „Produktion und Dienstleistungserbringung"

Bisher wurde festgelegt, wie die Anforderungen für Produkte und Dienstleistungen bestimmt werden, wie Entwicklungsprozesse zu gestalten sind und wie der Umgang mit extern bereitgestellten Prozessen, Produkten und Dienstleistungen sein muss, um dauerhaft konforme Ergebnisse erzielen zu können.

4.5 QM im Betrieb
4 Kommentierung der Normenabschnitte

Im folgenden Kapitel werden die Anforderungen an die Produktion und Dienstleistungserbringung durch die Organisation beschrieben (Abschnitt 8.5 der Norm).

Steuerung der Produktion und Dienstleistungserbringung

In der Norm heißt es sinngemäß, dass die Organisation bei der Produktion und der Erbringung ihrer Dienstleistungen alle Bedingungen beherrschen muss.

Als eine Durchführung „unter beherrschten Bedingungen" kann es angesehen werden, sobald die betreffenden Prozesse zu jedem Zeitpunkt mit den erforderlichen Maßnahmen so gesteuert und beeinflusst werden, dass z. B. Abweichungen korrigiert und unvorhergesehene Ereignisse ohne größeren Schaden überwunden werden können.

Die Norm macht in Abschnitt 8.5.1 die Einschränkung „falls zutreffend", sodass ggf. nicht alle nun genannten Anforderungen zu erfüllen sind, die in den beherrschten Bedingungen beinhaltet sein müssen:

- Die dokumentierten Informationen müssen
  - zum einen alle Merkmale der Produkte/Dienstleistungen/Tätigkeiten beschreiben und
  - zum anderen auch die zu erreichenden Ziele beinhalten.
- Die geeigneten Ressourcen zur Überwachung und Messung müssen zur Benutzung zur Verfügung stehen.
- Überwachungs- und Messtätigkeiten müssen in geeigneten Phasen durchgeführt werden können, um spezielle Kriterien zu verifizieren.
- Eine geeignete Infrastruktur und Prozessumgebung muss genutzt werden können.
- Es müssen Personen mit der erforderlichen Kompetenz und Qualifizierung benannt worden sein.
- Kann das Ergebnis nicht verifiziert werden, muss eine Validierung der Prozessergebnisse enthalten sein. Hierin muss geprüft werden, dass der jeweilige Prozess die Fähigkeit besitzt, die gewünschten Ergebnisse zu erzielen.
- Maßnahmen zur Verhinderung menschlicher Fehler und deren Durchführung.

- Es müssen auch Freigaben, Liefertätigkeiten und auch Maßnahmen nach der Lieferung durchgeführt werden.

Kennzeichnung und Rückverfolgbarkeit

Produkte und Dienstleistungen, die von der Organisation hergestellt oder erbracht werden, müssen von der Organisation dann gekennzeichnet werden, wenn damit die Konformität der Ergebnisse sichergestellt wird. Wenn also z. B. laut Prozessvorgaben ein Prüfsiegel am Produkt im letzten Schritt vor der Auslieferung angebracht werden muss, ist die Organisation dazu verpflichtet, auch zu entscheiden, wie dieses Siegel aussehen soll, z. B.:

- wie es anzubringen ist,
- wo es anzubringen ist,
- welche Eigenschaften es haben soll und dergleichen.

Da die Produktion und die Dienstleistungserbringung meist in mehrstufigen Prozessen verlaufen, werden zu ausgewählten Zeitpunkten Überprüfungen und Messungen durchgeführt, um frühzeitig Abweichungen im Prozess festzustellen. Jede Überprüfung und Messung während einer Produktion oder Dienstleistungserbringung muss so gekennzeichnet werden, dass daraus abzulesen ist, inwieweit die Anforderungen, die bis zu diesem Zeitpunkt erfüllt sein müssen, bereits erfüllt wurden.

Als weitere Anforderung ist die eindeutige Kennzeichnung der Ergebnisse zur möglichen Rückverfolgbarkeit angegeben, mit der Einschränkung, dass diese überhaupt gefordert ist. Die Kennzeichnung der Rückverfolgbarkeit erzielter Ergebnissen könnte, z. B. im Fall einer Dienstleistung, der Name der Person sein, die die Dienstleistung erbracht hat, inkl. des Erstellungsdatums oder im Fall von Produkten der Chargen-Nummer, mit der der Zeitpunkt und die Menge der produzierten Charge rückverfolgt werden können.

Wenn eine solche Kennzeichnung zur Rückverfolgbarkeit angewendet wird, müssen die Informationen hierzu z. B. in der Prozessdokumentation hinterlegt und aufbewahrt werden, sodass sie jederzeit abrufbar sind.

Die Kennzeichnung gibt der Organisation die Sicherheit, zu jedem bestimmten Zeitpunkt über die Qualität ihrer Produkte und Dienstleistungen informiert zu sein. Damit ist eine schnelle Handlung bei aufkommenden Abweichungen möglich und es kann nachvollzogen werden, ob z. B. ein Fehler noch im eigenen Haus oder erst bei einem Zwischenhändler aufgetreten ist. Dies lässt auch im Fall von Reklamationen und Regressansprüchen den Sachverhalt schneller klären.

Eigentum der Kunden oder der externen Anbieter
Der Abschnitt 8.5.3 der Norm beschreibt den Umgang mit fremdem Eigentum, ebenso wie es auch im privaten Bereich üblich ist: „Was mir nicht gehört, muss ich besonders pfleglich behandeln."

Wenn ein externer Anbieter oder ein Kunde der Organisation sein Eigentum (darunter fallen laut Norm u. a. Werkzeuge, Baustätten, persönliche Daten etc.[2]) für einen bestimmten Zeitraum überlässt, ist es die Pflicht der Organisation, sorgfältig damit umzugehen. Die Organisation hat damit eine Aufsichtspflicht über das fremde Eigentum, die bei jeder Verwendung und Einbeziehung in organisationsinterne Abläufe (klassisches Beispiel: eine Kfz-Reparatur) aufrechterhalten bleiben muss.

Hierzu zählt es auch, dass dieses fremde Eigentum als solches gekennzeichnet wird, sodass jede Person in der Organisation darüber informiert ist. Es muss der Zustand und die Beschaffenheit dabei genau verifiziert werden. Falls fremdes Eigentum in der Obhut der Organisation verloren geht, beschädigt oder unbrauchbar wird, muss der Eigentümer darüber informiert werden. Darüber hinaus muss die Organisation den Sachverhalt dokumentieren.

> **Beispiel**
>
> Eine Verifizierung von Kundeneigentum könnte z. B. so aussehen: Der Kunde möchte den Reifenwechsel in der Kfz-Werkstatt durchführen lassen. Die Werkstatt prüft vor dem Reifenwechsel das Fahrzeug auf Schäden und dokumentiert diese. Dann werden die Reifen gewechselt und im Anschluss wieder das Fahrzeug auf Schäden

---

[2] Vgl. DIN EN ISO 9001:2015-11, Qualitätsmanagementsysteme - Anforderungen (ISO 9001:2015), Abschnitt 8.5.3, Anmerkung.

überprüft. Sind hier nun Abweichungen zur ersten Überprüfung festzustellen, muss die Werkstatt den Schaden dem Kunden melden, da er sehr wahrscheinlich durch die Werkstatt selbst verursacht wurde. Sind im besten Fall keine Abweichungen zwischen erster und zweiter Prüfung festzustellen, wurde das Kundeneigentum demnach, wie erforderlich, sorgfältig behandelt.

> ✓ **Praxistipp**
>
> Sollte bei der Verifizierung ein Fehler oder Schaden erkannt werden, der dem Kunden oder dem externen Anbieter vermutlich bisher noch nicht aufgefallen ist, sollte dieser auf jeden Fall dokumentiert werden und im besten Fall sollte diese Information bereits im Moment des Erkennens auch direkt mit dem Kunden oder externen Anbieter besprochen werden.

Erhaltung

Wurde die Dienstleistung erbracht oder das Produkt hergestellt, so ist die Organisation dazu verpflichtet, diese Ergebnisse so zu behandeln, dass die Erhaltung der Konformität mit allen Anforderungen gewährleistet ist.

Zur geeigneten Behandlung können laut der Anmerkung in der Norm[3] folgende Elemente zählen:

- Kennzeichnung (z. B. die Aufschrift „kühl und trocken lagern" oder „zerbrechlich", „lichtempfindlich" etc.)
- Handhabung (z. B. „kratzempfindliche Materialien nur mit Schutzhandschuhen berühren")
- Schutz vor Verunreinigung und Beschädigung (z. B. durch die Auswahl der richtigen Verpackung und Lagerung oder auch das Sichern vor statischer Auflading etc.)
- Verpackung (z. B. ein Umkarton, eine Plastikfolie, Schaumstoff zur Polsterung etc.)
- Lagerung (z. B. kühl und trocken, dunkel, aufrecht etc.)

---

[3] Vgl. DIN EN ISO 9001:2015-11, Qualitätsmanagementsysteme - Anforderungen (ISO 9001:2015), Abschnitt 8.5.4, Anmerkung.

- Übertragung (z. B. Datenübertragung ohne Verluste oder Beschädigungen)
- Transport inkl. Transportschutz (z. B. geeignetes Lieferunternehmen mit entsprechenden Transportcontainern und einer Einweisung auf die Handhabung)

Tätigkeiten nach der Lieferung

Sind Produkte oder Dienstleistungen an den Kunden übergeben worden, so ist die Organisation mitunter weiterhin dafür in einem gewissen Maß verantwortlich.

Die Norm gibt daher die Anforderung, dass die erforderlichen Tätigkeiten, die nach der Lieferung oder Erbringung erfolgen müssen, durch die Organisation zu ermitteln sind. Hierbei sind die folgenden Punkte zu berücksichtigen:

- Anforderungen durch Gesetze und Behörden (z. B. die Rücknahmepflicht von Batterien und Leuchtmitteln) oder den Kunden selbst (z. B. im Vertrag hinterlegte Anforderungen an eine Dienstleistung)
- Tätigkeiten im Rahmen von Reklamationen und anderen Beanstandungen (z. B. Rücknahme, Reparatur, Austausch etc.)
- Alles, was mit der Art, Nutzung und beabsichtigten Lebensdauer der Produkte und Dienstleistungen zu tun hat (z. B. Instandhaltung und ergänzende Dienstleistungen, wie Wartung und Montage)[4]

Überwachung von Änderungen

Hierbei ist nur die Überwachung von Änderungen bei der Produktion oder Dienstleistungserbringung gemeint und nicht die Änderungen der Produkte und Dienstleistungen selbst (siehe hierzu Kapitel 4.5.2 und Kapitel 4.5.3).

Das heißt, wenn eine Änderung bei Produktion oder Dienstleistungserbringung als erforderlich betrachtet wird, so muss die Organisation dabei sicherstellen, dass damit keine negativen Einflüsse auf die Ergebnisse entstehen. Hierzu ist es die Anforderung der Norm, dass dieÄnde-

---

[4] Vgl. DIN EN ISO 9001:2015-11, Qualitätsmanagementsysteme - Anforderungen (ISO 9001:2015), Abschnitt 8.5.5 c) und Anmerkungen.

rungen im richtigen Umfang überprüft und gesteuert werden, sodass das Produkt oder die Dienstleistung weiterhin konform mit den gewünschten Anforderungen an den Kunden übergeht.

Die Änderung sowie Informationen zur Prüfung und Steuerung müssen als dokumentierte Informationen vorgehalten werden. Darin ist ebenso zu vermerken, welche Person die Änderung autorisiert hat. Es muss einen Verantwortlichen für diesen Schritt geben (was auch wieder mit dem Thema Rückverfolgbarkeit korreliert). Daneben sind Angaben zur Überprüfung und allen weiteren erforderlichen Tätigkeiten anzugeben.

Ziel einer Änderung sollte grundsätzlich immer sein, den aktuellen Status zu halten (oder nach einem Fehler wieder herzustellen) oder zu verbessern.

4.5.6 Kommentierung des Normenabschnitts 8.6 – „Freigabe von Produkten und Dienstleistungen"

Wie bereits in Kapitel 4.5.3 „Steuerungsmaßnahmen" (Normenabschnitt 8.3.4) beschrieben, sind immer wieder zu festgelegten Zeitpunkten Messpunkte in den Prozessen zu integrieren, an denen die Konformität der Produkte und Dienstleistungen überprüft wird. So ist nach einer erfolgreichen Messung und Überprüfung das Produkt oder die Dienstleistung für den nächsten Bearbeitungsschritt (Teilprozess) zur Verwendung freizugeben.

Ebenso ist es eine Anforderung der Norm, dass jedes Produkt vor der Auslieferung und jede Dienstleistung vor der Umsetzung beim Kunden auf die Konformität der Anforderungen hin verifiziert werden muss, um damit die Freigabe zu erhalten.

Es ist möglich, dass ein Produkt oder eine Dienstleistung noch nicht den Anforderungen entspricht und dennoch bereits freigegeben werden soll oder muss. Dann jedoch ist dies von einer eindeutig definierten Freigabestelle und gleichzeitig von dem Kunden zu bestätigen.

Die wesentlichen Informationen zur Freigabe von Produkten und Dienstleistungen müssen als dokumentierte Information aufbewahrt werden und folgende Inhalte besitzen:

- die Angaben zur Erfüllung der Konformität mit deren anzunehmenden Abweichungen (z. B. „das geforderte Maß von 2,00 cm +/- 0,10 cm wurde eingehalten, gemessen wurden 2,01 cm")
- die Angabe zum Verantwortlichen der Freigabe, zur Sicherstellung der Rückverfolgbarkeit der Autorisierung

4.5.7 Kommentierung des Normenabschnitts 8.7 – „Steuerung nichtkonformer Ergebnisse"

Steuerung

Schließlich muss auch der Umgang mit nichtkonformen Ergebnissen (= fehlerhafte Ergebnisse) geregelt werden. Diese müssen so gesteuert und behandelt werden, dass sie eindeutig von konformen Ergebnissen zu unterscheiden sind und so, dass sie nicht fälschlicherweise ungeplant zum Einsatz kommen können.

Die Norm fordert in Abschnitt 8.7.1 eine Kennzeichnung und Steuerung in dem Maß, dass deren unbeabsichtigter Gebrauch oder Auslieferung oder auch eine fälschliche Erbringung verhindert wird.

Daneben muss die Organisation auch dafür sorgen, dass die nichtkonformen Ergebnisse mit entsprechenden Maßnahmen behandelt werden, sodass entweder kein weiterer Schaden durch sie angerichtet werden kann (z. B. Auswirkungen begrenzen) oder sie wieder ihre Konformität erlangen.

Genauso muss festgelegt werden, wie mit nichtkonformen Ergebnissen umgegangen wird, die bereits beim Kunden angelangt sind, unabhängig davon, zu welchem Zeitpunkt dies erkannt wurde.

Für den Umgang mit nichtkonformen Produkten und Dienstleistungen gibt die Norm folgende Punkte an, die entweder einzeln oder in Kombination erfolgen müssen:

- die Berichtigung der Nichtkonformität
- ein Aussondern, Sperren, Rückgeben oder auch ein Aussetzen der Zurverfügungstellung der Ergebnisse
- den Kunden über die Nichtkonformität der Produkte und Dienstleistung zu informieren
- die Möglichkeit einer Sonderfreigabe, die anzunehmenden Abweichungen von den Anforderungen für das Produkt oder die Dienstleistung autorisieren zu lassen

Sobald eine Korrektur zur Wiedererlangung der Konformität durchgeführt wurde, muss das Ergebnis erneut verifiziert werden, um sicherzustellen, dass die korrigierte Version nun den Anforderungen entspricht.

Dokumentation

Zur Steuerung nichtkonformer Ergebnisse zählt es ebenso, alle relevanten Informationen sicher zu dokumentieren.

In den von der Norm geforderten dokumentierten Informationen müssen folgende Beschreibungen enthalten sein:

- Um welche Nichtkonformität handelt es sich?
- Welche Maßnahmen zur Behebung des Problems wurden eingeleitet?
- Wurden Sonderfreigaben genehmigt? Wenn ja, mit welchen Kriterien?
- Wer ist für die einzelnen Prozessschritte (Maßnahmen, Sonderfreigaben etc.) im Rahmen dieser Nichtkonformität verantwortlich?

 Praxistipp

Die Beschreibungen sollten so genau wie möglich, mit so vielen Details wie nötig verfasst sein, da sich diese Dokumente dann sehr gut z. B. für regelmäßige „Lessons-learned"-Workshops oder dergleichen einsetzen lassen.

4.6 Bewertung und Kontrolle

Der Normenabschnitt 9 „Bewertung der Leistung" beschäftigt sich mit der Prüfung des Qualitätsmanagementsystems und entspricht somit dem C, wie „Check" aus dem PDCA-Zyklus.

Er umfasst drei Unterkapitel mit den folgenden Inhalten: Abschnitt 9.1 „Überwachung, Messung, Analyse und Bewertung" enthält alle grundlegenden Anforderungen an die Prüfung, inklusive der Kundenzufriedenheit. Abschnitt 9.2 „Internes Audit" nennt die Anforderungen an das interne Audit. Und Abschnitt 9.3 „Managementbewertung" klärt welche Eingaben und Ergebnisse für eine Managementbewertung des Qualitätsmanagementsystems erforderlich sind. Mehr zum Thema „Auditierung" erfahren Sie in Kapitel 5.

4.6.1 Kommentierung des Normenabschnitts 9.1 – „Überwachung, Messung, Analyse und Bewertung"

Um die Leistung des Qualitätsmanagementsystems der Organisation bewerten zu können, müssen durch die Organisation im Vorfeld die Randbedingungen geklärt werden.

Hierzu zählt:

- was bzw. welcher Aspekt überwacht und gemessen werden soll
- welche Methoden angewendet werden sollen, um die erforderlichen Ergebnisse zu erhalten
- zu welchem/welchen Zeitpunkt/-en eine Überwachung oder Messung durchzuführen ist
- zu welchem/welchen Zeitpunkt/-en die Messergebnisse zu analysieren und zu bewerten sind

4.6 Bewertung und Kontrolle
4 Kommentierung der Normenabschnitte

> ✓ **Praxistipp**
>
> Die Betrachtung dieser einzelnen Randbedingungen hilft, den Prozess der Überwachung, Messung, Analyse und Bewertung sehr feingliedrig zu bestimmen. Gerade auch der Unterschied zwischen dem Zeitpunkt der Messung und dem Zeitpunkt der Analyse des Messergebnisses ist sinnvoll zu wählen.

> ➪ **Beispiel**
>
> Die Messung der Anzahl an Reklamationen sollte z. B. jeden Tag erfolgen (Reklamationen/Tag). Eine Analyse des Sachverhalts der Reklamation sollte direkt nach Erhalt dieser erfolgen, um die Kundenzufriedenheit möglichst schnell wieder zu erlangen. Eine Analyse der Gesamtanzahl an Reklamationen für eine Verbesserung des Qualitätsmanagementsystems ist aber ggf. nur monatlich, quartalsweise oder sogar nur jährlich wirklich aussagekräftig, aufgrund von Tendenzen (z. B. aufgrund saisonaler Schwankungen, regelmäßiger Produktionsanläufe etc.), die sich nur über einen längeren Zeitraum sinnvoll betrachten lassen.

Schließlich müssen die Ergebnisse für die Bewertung der Wirksamkeit des Qualitätsmanagementsystems herangezogen werden können. Dabei ist es für die Organisation erforderlich, Dokumente zu erstellen und zu bewahren, die u. a. die erhaltenen Messergebnisse und Bewertungen beinhalten. Diese dienen als wichtiger Nachweis für ein funktionierendes QMS und können mitunter im Audit vorzulegen sein.

Kundenzufriedenheit
Die Kundenzufriedenheit ist ein Maß für die Wirksamkeit des Qualitätsmanagementsystems. Da sich die Zufriedenheit des Kunden aus vielen subjektiven Bewertungen zusammensetzt, muss die Organisation einen Weg und die Werte festlegen, die eine aussagekräftige Messung und Bewertung der Kundenzufriedenheit zulassen.

4.6 Bewertung und Kontrolle
4 Kommentierung der Normenabschnitte

Um diese, wie es in der Norm heißt, „Wahrnehmung" des Kunden ermitteln zu können, werden hierfür in der Anmerkung aus dem Abschnitt 9.1.2 u. a. folgende Vorschläge gegeben:

- Kundenbefragung, z. B. über Formulare
- Kundenfeedback nach der Lieferung
- direkter Austausch mit dem Kunden bei einem gemeinsamen Treffen
- Beliebtheit bei den Kunden durch Analyse der eigenen Marktanteile
- Anerkennungen und Auszeichnungen durch Kunden
- Anzahl und Art der gestellten Gewährleistungsansprüche
- Händlerberichte, Berichte in Zeitschriften, Onlineportalen etc.

Analyse und Bewertung

Wie eben schon beschrieben, werden bei einer Überwachung und Messung Daten erhoben. Diese müssen dann durch die Organisation angemessen analysiert werden.

Die Analyseergebnisse dienen schließlich zur Bewertung u. a. folgender Fragen zum Qualitätsmanagementsystem:

- Sind die Produkte und Dienstleistungen den Anforderungen entsprechend konform?
- Wie hoch ist der Grad der Kundenzufriedenheit?
- Wie hoch sind die Leistung und die Wirksamkeit des aktuell angewendeten Qualitätsmanagementsystems?
- Werden die Planungen für das Qualitätsmanagementsystem wirksam umgesetzt?
- Wie hoch ist die Wirksamkeit der durchgeführten Maßnahmen betreffend den Umgang mit Risiken und Chancen?
- Wie hoch ist die Leistung der externen Anbieter zu bewerten?
- Gibt es den Bedarf, das Qualitätsmanagementsystem zu verbessern?

Die geeignete Wahl der Analysemethoden bleibt der Organisation überlassen. Die Norm gibt hierfür die Anmerkung, dass auch statistische Verfahren zur Datenanalyse angewendet werden können.

4.6.2 Kommentierung des Normenabschnitts 9.2 – „Internes Audit"

Interne Audits dienen der regelmäßigen Prüfung des Qualitätsmanagementsystems der Organisation bezüglich der Erfüllung der gestellten Anforderungen. Sowohl durch die Organisation an ihr Qualitätsmanagementsystem als auch durch die Norm selbst werden Anforderungen gestellt. Beides ist in vollem Umfang zu erfüllen.

Ein internes Audit informiert weiterhin darüber, ob das festgelegte Qualitätsmanagementsystem der Organisation von allen Mitarbeitern und in allen Prozessen gelebt und wirksam umgesetzt wird.

Es sind dafür folgende Kriterien durch die Organisation zu erfüllen (siehe hierzu auch Kapitel 5):

- Es müssen Auditprogramme (wann soll welcher Teil des QMS in welchem Umfang, mit welcher Regelmäßigkeit auditiert werden?) durch die Organisation geplant, aufgebaut, verwirklicht und aufrechterhalten werden.
- Die Auditprogramme müssen dabei folgende Beschreibungen enthalten:
  - Häufigkeit der Audits
  - Methoden
  - Verantwortlichkeiten
  - Anforderungen an die Planung des Audits
  - Anforderungen an die Berichterstattung zu den Ergebnissen des Audits
- Weiterhin dürfen Auditprogramme nicht als isoliert betrachtet werden, sondern es muss u. a. der Einfluss früherer Auditergebnisse mit betrachtet werden.
- Die Kriterien und der Umfang müssen für jedes Audit einzeln festgelegt werden.
- Die Auswahl der Auditoren muss so erfolgen, dass eine objektive und unparteiliche Prüfung des QMS sichergestellt ist.
- Die zuständige Leitung ist über die Auditergebnisse zu informieren.
- Es darf zu keinen ungerechtfertigten Verzögerungen bei der Berichtigung von Nichtkonformitäten kommen.

- Als Nachweis müssen dokumentierte Informationen zu den Auditprogrammen und den dazugehörigen Ergebnissen aufbewahrt werden.

Die Norm verweist hier in der Anmerkung des Abschnitts 9.2.2 auf die DIN EN ISO 19011, den Leitfaden zur Auditierung.

4.6.3 Kommentierung des Normenabschnitts 9.3 – „Managementbewertung"

Die oberste Leitung hat, wie eingangs erwähnt, die Verantwortung für das Qualitätsmanagementsystem der Organisation. Daher ist es ihre Pflicht in regelmäßigen und geplanten Abständen eine Bewertung des Qualitätsmanagementsystems durchzuführen. Die Bewertung der obersten Leitung wird in der Norm Managementbewertung genannt.

Die Managementbewertung dient dazu, folgende Aspekte des Qualitätsmanagementsystems sicherzustellen:

- die stetige Eignung
- die Angemessenheit
- die Wirksamkeit
- die Anpassung an die strategische Ausrichtung der Organisation

Für die Managementbewertung sind zwei Elemente erforderlich: die Eingaben und die Ergebnisse.

Eingaben
Die folgenden Aspekte müssen als Anforderung der Norm bei der Managementbewertung als Eingaben mit berücksichtigt werden:

- Gab es zuvor bereits Managementbewertungen und sind daraus Maßnahmen definiert worden, so ist der Status der Maßnahme mit zu betrachten.

- Gibt es externe oder interne Themen in Bezug auf das Qualitätsmanagementsystem, die sich seit dem Beginn der Anwendung des QMS verändert haben, so sind auch diese zu berücksichtigen.
- Jegliche Information über das Qualitätsmanagementsystem bezüglich dessen Leistung und Wirksamkeit ist zu berücksichtigen.
- Dazu gehört auch die Betrachtung der Entwicklung:
    - der Rückmeldungen des Kunden (Kundenzufriedenheit) oder anderer interessierter Parteien
    - der Qualitätsziele und in welchem Umfang sie erreicht wurden
    - der Prozessleistungen und der Konformität der Produkte und Dienstleistungen
    - der Nichtkonformitäten und dazugehörige Korrekturmaßnahmen
    - der Überwachungs- und Messergebnisse
    - der Auditergebnisse
    - der Leistungen externer Anbieter.
- Die Angemessenheit der Ressourcen ist mit zu berücksichtigen.
- Wurden Maßnahmen zum Umgang mit Risiken und Chancen durchgeführt, so ist auch deren Wirksamkeit mit zu berücksichtigen.
- Schließlich gilt jede Möglichkeit zur Verbesserung als Eingabe für die Managementbewertung.

Ergebnisse

Wurden alle Eingaben durch die oberste Leitung analysiert und bewertet, so resultieren daraus schließlich die Ergebnisse der Managementbewertung des QMS der Organisation.

Es ist die Anforderung der Norm, dass die Managementbewertungen Entscheidungen und Maßnahmen zu den folgenden Themen beinhalten müssen:

- Welche Möglichkeiten sieht die oberste Leitung zur Verbesserung des Qualitätsmanagementsystems?
- Ist, und wenn ja welcher, Änderungsbedarf am bestehenden Qualitätsmanagementsystem durch die oberste Leitung erkannt worden?
- Wie wird der Ressourcenbedarf für das aktuelle QMS durch die oberste Leitung bewertet?

4.6 Bewertung und Kontrolle
4 Kommentierung der Normenabschnitte

Die Managementbewertung und deren Ergebnisse sind als dokumentierte Information durch die Organisation, auch für spätere Managementbewertungen und Auditierungen, aufzubewahren.

4.7 Verbesserung

Der Abschnitt 10 der Norm behandelt das Thema Verbesserung. Wie bereits erwähnt, wird nicht mehr von ständiger, sondern von fortlaufender Verbesserung gesprochen. Im PDCA-Zyklus sind die Tätigkeiten zur Verbesserung in A, wie Act, zu finden.

Dieser Abschnitt der Norm ist in drei Unterkapitel eingeteilt: Abschnitt 10.1 „Allgemeines" u. a. mit dem Hinweis darauf, in welchen Einsatzgebieten dies gilt, Abschnitt 10.2 „Nichtkonformität und Korrekturmaßnahmen" der den Umgang mit nichtkonformen Produkten und Dienstleistungen erklärt, und schließlich Abschnitt 10.3 „Fortlaufende Verbesserung".

4.7.1 Kommentierung des Normenabschnitts 10.1 – „Allgemeines"

Ein wirksames Qualitätsmanagementsystem liefert der Organisation ständig Ansatzpunkte für Verbesserungen. Die Organisation muss die Chancen für Verbesserungen bewusst nutzen, um die Kundenzufriedenheit zu erhöhen.

Genauso, wie viele Risiken umgangen und gemildert werden müssen, sind Chancen zu erkennen und die richtigen für die Organisation und ihr Qualitätsmanagementsystem zur Um-setzung auszuwählen.

Verbesserung zu erlangen ist sinnvoll und motivierend, jedoch sollte die Organisation dabei nicht überstürzt, sondern planvoll und zielgerichtet vorgehen.

Die Norm stellt zwei wesentliche Anforderungen an die Verbesserung:

1. Sie muss für das Produkt und die Dienstleistung gelten, sodass das Ergebnis den Anforderungen gegenwärtige und zukünftige Kunden gerecht wird.

4.7 Verbesserung
4 Kommentierung der Normenabschnitte

2. Weiterhin ist es erforderlich, dass die Verbesserung die Kundenzufriedenheit erhöht.

Vielleicht ist es gut, sich zu merken, dass Maßnahmen zu Verbesserungen nicht am Kunden vorbei und auch nicht vorbei an den gestellten Anforderungen der Produkte oder Dienstleistungen durchzuführen sind.

> **Beispiel**
>
> Gern hört man von Fällen des „am Kunden Vorbei-Verbesserns" im Fall von Softwareentwicklungen. Der Kunde wünschte sich z. B. ein Produkt mit drei einfachen Eigenschaften und erhält ein komplexes hochausgereiftes Softwareprodukt mit vielen Extras. Die Entwickler haben hierbei das Produkt aus ihrer Sicht immer weiter verbessert und optimiert, doch die Anforderungen des Kunden dabei aus den Augen verloren.
> Hierbei verliert die Organisation oft nicht nur wertvolle Zeit, Geld und weitere Ressourcen, sondern ggf. auch das Vertrauen des Kunden, der sich mit dem High-End-Produkt wahrscheinlich nicht mehr verstanden fühlt.

Es ist daher von der Organisation zu prüfen, wo sich Chancen zur Verbesserung sinnvoll nutzen lassen.

Die Verbesserungsmaßnahmen müssen schließlich folgendermaßen eingesetzt werden:

- Zur Verbesserung der Ergebnisse, inkl. der Erfüllung
  - aller aktuellen Anforderungen und
  - zukünftiger Erfordernisse und Erwartungen,
  - um unerwünschte Auswirkungen zu korrigieren, zu verhindern oder zu vermeiden,
- zur Verbesserung des Qualitätsmanagementsystems.

Der Anmerkung aus Abschnitt 10.1 ist noch zu entnehmen, dass Verbesserung auch durch eine Umorganisation, eine große Veränderung oder eine Innovation generiert werden kann. Darunter könnte z. B. der

Einsatz einer neuen Technologie oder einer neuen Methode zählen, wie Automatisierungstechniken oder weg von Lagerhaltung hin zu einer Materialverfügbarkeit mit dem Just-in-Sequenz-Produktionsverfahren.

4.7.2 Kommentierung des Normenabschnitts 10.2 – „Nichtkonformität und Korrekturmaßnahmen"

Produkte und Dienstleistungen müssen nach den Anforderungen der Norm und der Organisation hergestellt oder erbracht werden. Ist dies nicht der Fall, spricht man davon, dass die Ergebnisse nicht konform sind. In diesem Fall muss die Organisation handeln und den Sachverhalt mit entsprechenden Maßnahmen abändern.

Hierbei sind folgende Punkte als Anforderung der Norm genannt:

- Beim Auftreten einer Nichtkonformität (= Fehler) muss die Organisation reagieren und Maßnahmen ergreifen, die die Nichtkonformität korrigieren und ein weiteres Auftreten durch Überwachung verhindern. Dies beinhaltet auch den korrekten Umgang mit den Folgen von Nichtkonformität, wie z. B. im Fall einer Reklamation, besonders auf die richtige Kundenkommunikation geachtet werden muss.
- Es muss Folgendes geklärt werden, um die passende Maßnahme für das Problem zu finden:
  - Was ist es für eine Nichtkonformität?
  - Welche Faktoren haben zur Entstehung der Nichtkonformität geführt (Ursachenanalyse)?
  - Sind weitere, ähnliche Nichtkonformitäten möglich (z. B. wegen eines systematischen Fehlers)?
- Die erforderlichen Maßnahmen müssen eingeleitet werden.
- Es ist zu überwachen und zu prüfen, wie wirksam die ergriffenen Korrekturmaßnahmen sind.
- Das Auftreten der Nichtkonformität wie auch der Einsatz einer Korrekturmaßnahme können zu neuen Risiken und Chancen führen. Diese müssen ebenso in jedem Schritt bzw. bei jeder Änderung neu bestimmt und bewertet werden.

4.7 Verbesserung
4 Kommentierung der Normenabschnitte

- Für den Fall, dass z. B. die Ursachenanalyse ergab, dass Korrekturen am Qualitätsmanagementsystem vorgenommen werden müssen, so ist auch dies nach den Vorgaben zu tun.
- Bei der Auswahl der Korrekturmaßnahmen ist darauf zu achten, dass sie für den Zweck geeignet sind und im richtigen Maß eingesetzt werden. Auch hier gilt: „Nicht mit Kanonen auf Spatzen schießen."

Das Auftreten einer Nichtkonformität, deren Art und Umfang und die dazu getroffenen Korrekturmaßnahmen, mit ihrem Ergebnis und der Wirksamkeit, müssen zur Rückverfolgbarkeit und für weitere spätere Prüfungen dokumentiert und aufbewahrt werden.

⇨ Beispiel

Bei einer Küchenmaschine wurde ein falsches Bauteil verbaut, sodass die Maschine im Betrieb schnell überhitzt und z. B. den Rührvorgang frühzeitig abbricht. Dies führt zu einer Kundenreklamation.
Bei der Fehleranalyse zeigt sich, dass für dieses Problem eine Gummidichtung mit falschem Ausmaß (vermutlich zu dick) die Ursache ist, die durch die größere Kontaktfläche mehr Reibung als vorgesehen erzeugt.
Es muss nun herausgefunden werden, ob diese Nichtkonformität nur einmal auftritt oder ein systematischer Fabrikationsfehler ist.
Bleibt es bei diesem einen Reklamationsfall, wird der Tausch der Dichtung an diesem einen Gerät mit der Prüfung des Risikos in der Montage für einen weiteren zufälligen Falschverbau vermutlich ausreichen.
Wird hier jedoch ein systematischer Fehler erkannt, da z. B. die Dichtung bereits in der Konstruktionszeichnung mit den falschen Maßen angegeben wurde, kann es auch eine angemessene Korrekturmaßnahme sein, eine Rückrufaktion für alle Geräte ab einem bestimmten Kaufdatum/Herstellungsdatum, für den gesammelten Tausch der Dichtung, durchzuführen.

4.7.3 Kommentierung des Normenabschnitts 10.3 – „Fortlaufende Verbesserung"

Die fortlaufende Verbesserung bezieht sich vor allem auf die Verbesserung des Qualitätsmanagementsystems der Organisation.

Hierbei sind drei wesentliche Fragen zu stellen:

- Ist das bestehende Qualitätsmanagementsystem für die Organisation mit ihrem Kontext und ihren Produkten und Dienstleistungen in diesem Rahmen zur Umsetzung geeignet?
- Sind die darin enthaltenen Anforderungen und Vorgaben für die Verwendung in der Organisation angemessen, oder übersteigen sie die Möglichkeiten bzw. lassen sie noch Spielraum nach oben zu?
- Und ist das Qualitätsmanagementsystem, wie es zum Zeitpunkt X beschrieben wurde, auch zum jetzigen Zeitpunkt noch so wirksam wie geplant, oder hat es an Wirksamkeit verloren und muss deshalb nachgebessert werden?

Diese und ähnliche Fragen sollte sich vor allem die oberste Leitung in regelmäßigen, nicht allzu weiten Zeitabständen stellen (mindestens einmal im Jahr). Denn nur, wenn das Qualitätsmanagementsystem auf die Bedürfnisse der Organisation angepasst ist, können voraussichtlich die optimalen und gewünschten Ergebnisse erzielt werden.

Um gezielt Verbesserungen zu erkennen, ist es eine Anforderung der Norm, alle dafür brauchbaren Erkenntnisse, z. B. aus Analysen und Bewertungen von Prozessen oder das Ergebnis der regelmäßigen Managementbewertung (siehe Kapitel 4.6.3) des Qualitätsmanagementsystems, heranzuziehen. Hierbei ist es sowohl möglich, dass sich erforderliche Maßnahmen zur Verbesserung erkennen lassen, die zwingend umgesetzt werden müssen. Aber auch jede Chance zur Verbesserung muss genau bewertet werden, sodass schließlich die passenden Maßnahmen zur fortlaufenden Verbesserung des QMS, damit der Organisation und damit der Kundenzufriedenheit gewährleistet werden kann.

4.7 Verbesserung

4 Kommentierung der Normenabschnitte

> **! Hinweis**
> Nicht alle Erkenntnisse liegen als Kennzahlen vor!

5 Auditierung und Zertifizierung

5.1 Das Audit – eine Begriffsbestimmung

Das Audit ist eine spezifische Methode zur Überprüfung der wirksamen Anwendung von Managementsystemen. Audits werden durchgeführt, um die Umsetzung von Qualitäts-, Risiko-, Energie-, Arbeitsschutz-, Sicherheits- oder Umweltschutzmanagementsystemen zu überprüfen. In der Norm DIN EN ISO 19011:2011 ist das Audit als Prozess definiert, der von unabhängigen Auditoren systematisch durchgeführt und dokumentiert werden muss. Die Auditoren erheben Auditbefunde, die anschließend in Bezug auf die Erfüllung zuvor festgelegter Auditkriterien bewertet werden.

Der Begriff Audit hat seinen Ursprung im lateinischen Wort „audire", das hören bzw. zuhören bedeutet. Das Zuhören ist eine wesentliche Aufgabe des Auditors, also der Person, die das Audit durchführt. Darüber hinaus muss der Auditor verschiedene andere Methoden einsetzen, um die erforderlichen Erkenntnisse zu gewinnen.

Nach dem Zweck des Audits können interne und externe Audits unterschieden werden. Interne Audits sind von der Organisation veranlasst, die das Managementsystem anwendet, und dienen dazu, dessen Wirksamkeit zu überwachen und Verbesserungspotenziale aufzuzeigen. Organisationen, die ein QM-System nach DIN EN ISO 9001 betreiben, müssen regelmäßig interne Audits durchführen. Als interne Auditoren kommen

- eigene Mitarbeiter,
- Mitarbeiter befreundeter Organisationen oder

5.1 Das Audit – eine Begriffsbestimmung
5 Auditierung und Zertifizierung

- Auditoren von Beratungsunternehmen

infrage. Interne Audits werden auch „Erstparteien-Audits" (First Party Audits) genannt.

Externe Audits werden von organisationsfremden Stellen durchgeführt, diese können weiter in „Zweitparteien-Audits" (Second Party Audits) und „Drittparteien-Audits" (Third Party Audits) unterschieden werden. Zweitparteien-Audits werden bei Lieferanten durchgeführt, um z. B. die Einhaltung von Qualitätsvereinbarungen zu überprüfen. Grundlage dafür ist eine vertragliche Vereinbarung. In einigen Branchen (z. B. Automotiv) ist es üblich, Lieferantenaudits durchzuführen. Drittparteien-Audits sind Konformitätsprüfungen, die von Aufsichtsbehörden oder Zertifizierungsstellen durchgeführt werden.[1]

Werden zwei oder mehrere Managementsysteme (z. B. Qualitäts- und Umweltmanagementsysteme) gleichzeitig auditiert, spricht man von einem kombinierten Audit.[2] Führen zwei unterschiedliche Organisationen (z. B. zwei Kunden) ein gemeinsames Audit bei einem Lieferanten durch, so handelt es sich um ein gemeinschaftliches Audit.[3]

Nach dem Gegenstand des Audits lassen sich Produkt-, Verfahrens-, Prozess- und Systemaudits unterscheiden (siehe folgende Abbildung).

---

[1] Vgl. DIN EN ISO 9000:2015-11 – Qualitätsmanagementsysteme – Grundlagen und Begriffe (ISO 9000:2015), S. 60.
[2] Vgl. DIN EN ISO 9000:2015-11 – Qualitätsmanagementsysteme – Grundlagen und Begriffe (ISO 9000:2015), S. 60.
[3] Vgl. DIN EN ISO 9000:2015-11 – Qualitätsmanagementsysteme – Grundlagen und Begriffe (ISO 9000:2015), S. 61.

5.1 Das Audit – eine Begriffsbestimmung
5 Auditierung und Zertifizierung

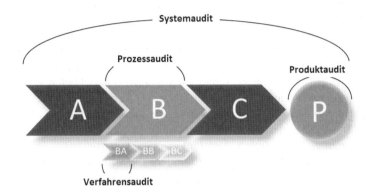

Bild 1: Auditarten (Quelle: Roland Lapschieß)

Ein Produktaudit wird durchgeführt, um zu untersuchen, ob die Qualitätsanforderungen an das betreffende Produkt (z. B. einen Tisch) erfüllt sind.

Die Begriffe Verfahrens- und Prozessaudit werden in der Fachliteratur manchmal synonym verwendet, sollen hier aber getrennt betrachtet werden.[4] Eine strenge Abgrenzung ist schon deshalb schwierig, weil der Begriff „Verfahren" in der DIN EN ISO 9000 als eine im Vorfeld bestimmte und festgelegte Art und Weise beschrieben ist, anhand der eine Tätigkeit oder auch ein Prozess ausgeführt wird, definiert ist. Hier soll ein Verfahren als eher einfache Folge von Tätigkeiten verstanden werden, die in verschiedenen Prozessen zur Anwendung kommen kann. Das Verfahrensaudit ist demnach eine systematische Untersuchung einer einfachen Folge von Tätigkeiten, um festzustellen, ob die

---

[4] Vgl. Gietl, Lobinger (2012), S. 16 f.

5.1 Das Audit – eine Begriffsbestimmung

5 Auditierung und Zertifizierung

Vorgaben mit den vorgesehenen Ressourcen umgesetzt werden, um die festgelegten Anforderungen zu erfüllen (z. B. das Lackieren eines Tisches).

Das Prozessaudit dagegen ist eine umfassende, systematische Untersuchung eines Prozesses, um festzustellen, ob die einzelnen Tätigkeiten so miteinander verknüpft sind, dass die geplanten Ergebnisse erreicht und die Anforderungen der Kunden sowie anderer relevanter interessierter Parteien erfüllt werden (z. B. der Herstellungsprozess eines Tisches von der Ermittlung der Kundenanforderungen bis zur Übergabe des Tisches an den Kunden).

Das Systemaudit ist eine vollumfängliche Untersuchung, die sich auf den gesamten Anwendungsbereich und alle Anforderungen des Managementsystems bezieht. Das Ziel des Systemaudits ist, die wirksame Anwendung des gesamten Managementsystems zu überprüfen (z. B. ob alle Prozesse der Tischlerei so aufeinander abgestimmt sind, dass die Anforderungen der Kunden jederzeit zuverlässig erfüllt werden können).

Die folgenden Ausführungen in diesem Kapitel beziehen sich ausschließlich auf Audits, die der systematischen Überprüfung von QM-Systemen dienen.

5.2 Normative Vorgaben zum Qualitätsaudit

DIN EN ISO 9001:2015, Abschnitt 9.2 Internes Audit

Der Abschnitt 9.2 „Internes Audit" der DIN EN ISO 9001:2015 fordert, dass Anwender der Norm die Wirksamkeit ihrer QM-Systeme durch regelmäßige interne Audits überprüfen. Dazu muss mindestens ein Auditprogramm festgelegt werden. Die Auditplanung muss

- die Auditthemen,
- die Organisationsbereiche bzw. Prozesse sowie
- die Dauer der Audits

umfassen. Bei der Auswahl der Auditoren ist vor allem auf deren Neutralität zu achten. Die Auditoren müssen die jeweils verantwortlichen Führungskräfte über die Auditbefunde informieren. Die Führungskräfte müssen die festgestellten Abweichungen so schnell wie möglich korrigieren und ggf. weitergehende Maßnahmen ergreifen, um die Ursachen erkannter Fehler zu beseitigen. Die Auditdokumente einschließlich der Auditbefunde müssen vom Normanwender aufbewahrt werden.[1]

DIN EN ISO 9004:2009 Leiten und Lenken zum nachhaltigen Erfolg einer Organisation – ein Qualitätsmanagementansatz

Die DIN EN ISO 9004:2009 ergänzt die Anforderungen der DIN EN ISO 9001:2015 mit einigen Anregungen. Insbesondere wird daraufhin gewiesen, dass interne Audits dazu beitragen können, Anknüpfungspunkte für Verbesserungen aufzuzeigen und positive Aspekte der Anwendung des QM-Systems zu entdecken, die organisationsweit genutzt werden könnten.

---

[1] Vgl. DIN EN ISO 9001:2015-11, Qualitätsmanagementsysteme – Anforderungen (ISO 9001:2015), S. 45f.

5 Auditierung und Zertifizierung
5.2 Normative Vorgaben zum Qualitätsaudit

Die durch interne Audits gewonnenen Erkenntnisse können sowohl für Leistungsvergleiche, zur Verbreitung bewährter Vorgehensweisen als auch zur Förderung der Prozessorientierung in der Organisation genutzt werden. Die oberste Leitung sollte die Auditberichte interner und externer Auditoren nutzen, um Sachverhalte zu erkennen, die generelle Korrektur- und Vorbeugungsmaßnahmen erfordern.[2]

DIN EN ISO 19011:2011 Leitfaden zur Auditierung von Managementsystemen

Die DIN EN ISO 19011:2011 ist eine detaillierte Anleitung für die Vorbereitung, Planung, Durchführung und Nachbereitung von Auditprogrammen und Audits. Zudem enthält die Norm Empfehlungen für die Bewertung der Kompetenz der Auditoren. Die allgemein gehaltenen Empfehlungen gelten für alle Arten von Organisationen sowie für interne und externe Audits. Adressaten der DIN EN ISO 19011 sind die Anwender von Managementsystemen, Auditoren, Zertifizierungsstellen und Organisationen, die Auditoren ausbilden.

DIN EN ISO 17021:2011 Konformitätsbewertung – Anforderungen an Stellen, die Managementsysteme auditieren und zertifizieren

Die DIN EN ISO 17021:2011 regelt die Tätigkeiten von Zertifizierungsstellen. Die Normanforderungen sollen gewährleisten, dass die Zertifizierungsstellen

- kompetent,
- konsistent und
- unparteilich

die Zertifizierung von Managementsystemen vornehmen. Dadurch soll vor allem die Anerkennung dieser Stellen und auch die Akzeptanz der Zertifizierung gefördert werden, nicht nur national sondern weltweit. Die Anforderungen dieser Norm beziehen sich auf strukturelle und personelle Voraussetzungen und die QM-Systeme der Zertifizierungsstel-

---

[2] Vgl. DIN EN ISO 9004:2009-12 – Leiten und Lenken für den nachhaltigen Erfolg einer Organisation – ein Qualitätsmanagementansatz (ISO 9004:2009), S. 43.

len. Die Norm enthält detaillierte Regelungen zur Durchführung des Zertifizierungsverfahrens. Adressaten dieser Norm sind vor allem Zertifizierungsstellen.

5.3 Der Auditprozess

5.3.1 Der Auditprozess im Überblick

Der Auditprozess besteht aus folgenden Teilprozessen: Auditprogramm erstellen, Audit vorbereiten, Audit durchführen und Audit nachbereiten. Der vorhergehende Teilprozess liefert die Eingaben für den jeweils folgenden Teilprozess (siehe folgende Abbildung).

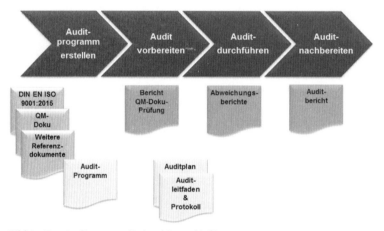

Bild 1: Der Auditprozess (Roland Lapschieß)

5.3.2 Auditprogramm erstellen

Jeder Anwender der DIN EN ISO 9001:2015 muss, um über die Wirksamkeit und Aufrechterhaltung seines QMS informiert zu sein, regelmäßig interne Audits durchführen. Zu diesem Zweck muss ein Auditprogramm aufgestellt werden, in dem die Audits für einen festgelegten Zeitraum (z. B. ein Jahr) geplant sind. Das Auditprogramm muss den gesamten Anwendungsbereich und alle relevanten Anforderungen des QM-Systems umfassen (siehe Muster „Auditprogramm" im Anhang).

In den meisten Fällen planen Organisationen ihre Auditprogramme ein Jahr im Voraus. Die Erstellung des Auditprogramms umfasst die Terminierung der Audits, einschließlich der Festlegung der Auditdauer und der Audithäufigkeit. Aus den Festlegungen der Ziele und Schwerpunkte des Auditprogramms ergeben sich die erforderlichen Referenzdokumente und die Anforderungen an die Kompetenz der Auditoren.

Auditprogramme werden in der Praxis meistens von den Qualitätsbeauftragten erstellt. In jedem Fall sollte das Auditprogramm durch die oberste Leitung offiziell freigegeben werden, vor allem weil zur Umsetzung des Auditprogramms erhebliche Ressourcen erforderlich sind. Außerdem wird so die Bedeutung der internen Audits betont.

Terminierung der Audits
In einigen zertifizierten Organisationen werden interne Audits nur einmal im Jahr, in engem Abstand zum externen Audit, quasi als Generalprobe, durchgeführt. Die Folge davon ist, dass kurz vor dem Audit hektische Betriebsamkeit einsetzt, weil das QM-System erst zum internen Audit wiederbelebt wird. Die Aktivitäten zur Pflege des QM-Systems beschränken sich oft nur auf die Korrekturen der im vorherigen Audit erkannten Abweichungen. Eine Weiterentwicklung im Sinne ständiger Verbesserung findet unter diesen Bedingungen nicht statt.[1]

Richtig genutzt, können interne Audits einen wichtigen Beitrag zur wirksamen Anwendung des QM-Systems und zur Verbesserung des Qualitätsniveaus leisten. Es ist dazu allerdings notwendig, dass die Organisationsbereiche mehrfach innerhalb eines Jahres auditiert werden.

Die internen Audits können sich auf einzelne Prozesse konzentrieren. Geeignet sind vor allem Prozesse, die eine wesentliche Bedeutung für die Qualität der Produkte und Dienstleistungen haben, oder Prozesse, die mit besonderen Risiken verbunden sind. Die Dauer eines einzelnen internen Audits kann je nach Umfang des auditierten Prozesses zwei

---

[1] Vgl. Brauweiler/Zenker-Hoffmann (2015), S. 10 f.

bis vier Stunden in Anspruch nehmen. Die Termine und Dauer sollten bereits bei der Erstellung des Auditprogramms mit den Leitungen der involvierten Organisationsbereiche abgesprochen werden.

 Praxistipp

In jedem Fall müssen einmal jährlich sämtliche Elemente und der gesamte Anwendungsbereich des QM-Systems intern auditiert werden.

Auditziele und Auditschwerpunkte

Die Ziele und Schwerpunkte des Auditprogramms sollten von der obersten Leitung in Abhängigkeit vom Reifegrad des QM-Systems festgelegt werden. In den ersten Jahren dienen die Audits dazu, die Wirksamkeit des QM-Systems und ggf. der Korrekturmaßnahmen vorangegangener Audits zu überwachen. Wenn das QM-System längere Zeit besteht und einen höheren Reifegrad erreicht hat, können andere Zielsetzungen und Schwerpunkte in den Vordergrund rücken, z. B.:

- Möglichkeiten für Qualitätsverbesserungen erkennen
- Kundenorientierung verbessern
- Einhaltung der Datenschutzbestimmungen überprüfen
- Prozessrisiken identifizieren
- Implementierung neuer Prozesse unterstützen

Außerdem müssen bei der Festlegung der Ziele und Schwerpunkte des Auditprogramms sowohl Veränderungen im Umfeld der Organisation (z. B. neue gesetzliche Anforderungen) als auch innerbetriebliche Entwicklungen (z. B. neue Fertigungsverfahren) berücksichtigt werden.

Das Auditprogramm kann auch darauf gerichtet sein, den Handlungsbedarf im Rahmen der Umstellung eines bestehenden QM-Systems auf die neue DIN EN ISO 9001:2015 zu ermitteln.

5.3 Der Auditprozess

Auswahl der Referenzdokumente
Referenzdokumente enthalten folgende Auditkriterien:

- Verfahren
- Vorgehensweise
- Anforderungen

Diese werden als Referenz für einen Vergleich mit dem Auditnachweis verwendet.

Die wichtigsten Referenzdokumente zur Durchführung eines Qualitätsaudits sind:

- die Norm DIN EN ISO 9001
- die für das QM-System dokumentierten Informationen
- gesetzliche und behördliche Anforderungen, sofern sie auf die Produkte und Dienstleistungen der Organisation zutreffen

Zusätzlich gibt es in einigen Branchen spezielle Qualitätsanforderungen, die erfüllt werden müssen. So müssen z. B. Pflegeeinrichtungen die Qualitätsprüfrichtlinie des Medizinischen Dienstes der Krankenversicherungen (MDK) beachten und sollten deshalb die Erfüllung der entsprechenden Kriterien auch bei der Durchführung interner Audits überprüfen. Darüber hinaus können alle möglichen Kriterienkataloge für Qualitäts- und Gütesiegel als Referenzdokumente verwendet werden, sofern der Auftraggeber ein entsprechendes Auditziel formuliert.

Auswahl der Auditoren
Eine Grundvoraussetzung für die Tätigkeit als Auditor ist dessen Unabhängigkeit. Insbesondere wenn interne Audits durch Mitglieder der eigenen Organisation durchgeführt werden, ist es schwierig, die Neutralität der Auditoren zu gewährleisten. Eine Möglichkeit, die Unabhängigkeit sicherzustellen, ist ein Austausch mit Auditoren befreundeter Organisationen. Sie haben so eine gute Gelegenheit, die QM-Systeme anderer Organisationen kennenzulernen und dort Auditerfahrung zu sammeln. Vielen internen Auditoren fällt es leichter, in einer anderen Organisation Audits durchzuführen, als die Arbeit der eigenen Kollegen

und Führungskräfte zu beurteilen. Solche Schwierigkeiten lassen sich natürlich auch vermeiden, indem ein Unternehmensberater mit der Auditierung beauftragt wird.

Zur Durchführung von internen Audits sollte grundsätzlich ein aus zwei Auditoren bestehendes Team eingesetzt werden. Die Vorteile sind, dass zwei Personen über eine größere Kompetenz verfügen, die Auditbefunde objektiver beurteilen und das Audit effektiver durchführen können. Einer aus dem Team muss als Auditleiter bestimmt werden, der die Verantwortung für den Prozess übernimmt.

Um die Zielsetzungen und Schwerpunkte des Auditprogramms umzusetzen, müssen Auditoren ausgewählt werden, die den Kontext der Organisation verstehen und über das notwendige branchenspezifische Wissen verfügen. Jeder muss fundierte Kenntnisse im Qualitätsmanagement haben und die anzuwendenden Referenzdokumente kennen. Auditoren müssen ein hohes Maß an sozialer Kompetenz und sehr gute Kommunikationsfähigkeiten besitzen.

5.3.3 Audit vorbereiten

Prüfung der QM-Dokumentation
Die Auditvorbereitung beginnt mit einer systematischen Prüfung der für das QM-System dokumentierten Informationen. Zunächst wird geprüft, ob der Anwendungsbereich des QM-Systems klar abgegrenzt ist. Falls einzelne Normanforderungen nicht anwendbar sind, muss dieses nachvollziehbar begründet werden, vorausgesetzt, die Qualität von Produkten und Dienstleistungen wird dadurch nicht beeinträchtigt.[2]

Alle dokumentierten Informationen, die gemäß DIN EN ISO 9001:2015 von der Organisation aufrechtzuerhalten sind, müssen zur Dokumentenprüfung vorliegen. Zusätzlich müssen alle dokumentierten Informationen vorhanden sein, die erforderlich sind, um sicherzustellen, dass

---

[2] Vgl. DIN EN ISO 9001:2015-11, Qualitätsmanagementsysteme – Anforderungen (ISO 9001:2015), S. 19.

die Produktions- und Dienstleistungsprozesse durch die Organisation beherrscht werden. Auch die Verknüpfung der Prozesse untereinander muss nachvollziehbar dargelegt sein.

Die Gliederung und die Systematik der QM-Dokumentation sollen es dem Leser erleichtern, sich zurechtzufinden. Die dokumentierten Informationen müssen für die Menschen in der Organisation verständlich und handlungsanleitend geschrieben sein. Neben schriftlichen Dokumenten können auch Audio- und Videodateien Bestandteile der QM-Dokumentation sein.[3]

Bei der inhaltlichen Prüfung wird überprüft, ob alle anwendbaren Normanforderungen erfüllt sind und für den spezifischen Anwendungsbereich nachvollziehbar interpretiert wurden. Die QM-Dokumentation muss die aktuellen Gegebenheiten in der Organisation beschreiben und darf keine widersprüchlichen Festlegungen enthalten. Einzelne QM-Dokumente, die sich auf dieselben Prozesse oder Sachverhalte beziehen, sollten durch Verweise miteinander verknüpft sein.

Das Ergebnis der Dokumentenprüfung wird in einem detaillierten Bericht dargestellt. Abweichungen (= Nichtkonformitäten) müssen hier durch konkrete Aussagesätze verständlich beschrieben werden. Eine Unterscheidung von Haupt- und Nebenabweichungen ist bei der Dokumentenprüfung noch nicht erforderlich. Empfehlungen für Verbesserungen sollten vom Auditor immer begründet werden. Anmerkungen können genutzt werden, um allgemeine Hinweise zu geben.

Während der Prüfung der QM-Dokumentation gewinnt der Auditor einen ersten Eindruck von der Organisation und dem Entwicklungsstand des QM-Systems.

Erstellung des Auditplans

Der Auditplan ist ein Instrument zur Koordination des zeitlichen Ablaufs, der Auditthemen sowie der beteiligten Stellen. Die Gesamtdauer des Audits ist bereits im Auditprogramm festgelegt. Die Audit-

---

[3] Vgl. DIN EN ISO 9000:2015-11 - Qualitätsmanagementsysteme – Grundlagen und Begriffe (ISO 9000:2015), S. 47.

5.3 Der Auditprozess
5 Auditierung und Zertifizierung

themen ergeben sich einerseits aus den Zielsetzungen und Schwerpunkten des Auditprogramms, andererseits aus den Erkenntnissen, die bei der Prüfung der QM-Dokumentation gewonnen wurden. Falls bereits Audits stattgefunden haben, müssen bei der Planung auch die Ergebnisse vorangegangener Audits berücksichtigt werden. Die beteiligten Stellen bzw. Personen werden nach den Themen und Zielsetzungen des Audits ausgewählt. Üblicherweise werden zur Erstellung des Auditplans Formulare verwendet (siehe Muster „Auditplan" im Anhang).

Im oberen Teil des Auditplans befinden sich allgemeine Angaben, wie die Art des Audits, der Audittermin, Zielsetzungen, Schwerpunkte, Referenzdokumente und die Namen der Auditoren. Im unteren Teil werden die Zeiträume, die Auditthemen und die Auditteilnehmer ausgewiesen. In der letzten Spalte sind die Normabschnitte als Referenzen mit Bezug zu den einzelnen Themen angegeben.

Die Zeitabschnitte sollten bei der Planung nicht zu knapp gewählt werden. Erfahrungsgemäß macht es kaum Sinn, Zeiträume von weniger als 30 Minuten für ein Auditthema zu planen. Um nicht zu viele personelle Ressourcen zu binden, sollten als Teilnehmer nur die Stellen bzw. Personen ausgewählt werden, die tatsächlich erforderlich sind, um das Audit auftragsgemäß durchzuführen. Einen guten Eindruck von der Wirksamkeit eines QM-Systems können die Auditoren gewinnen, wenn sie möglichst viele Personen einbeziehen. Das heißt aber nicht, dass in jeder Phase des Audits gleichzeitig mehrere Personen involviert sein sollten.

Der Auditplan für ein Systemaudit muss neben einer ausreichenden Zahl von Stellen auch alle relevanten Prozesse und Organisationsbereiche umfassen. Dennoch kann sich das Auditteam bei der Beurteilung der Wirksamkeit des QM-Systems nur auf Stichproben stützen. Bei der Planung von Betriebsbegehungen sind außerdem Risiken zu berücksichtigen, die durch das Audit entstehen können, wie beispielsweise Unfallgefahren, Verunreinigungen durch die Auditoren oder die Verletzung von Datenschutzvorschriften. Falls solche Risiken bestehen, muss das Auditteam geeignete Maßnahmen zur Risikobewältigung ergreifen, z. B. Unterweisungen durchführen oder persönliche Schutzausrüstung bereitstellen.

Es ist sinnvoll, den Auditplan rechtzeitig, spätestens aber vierzehn Tage vor dem Audit, an die Leitung der Organisation und ggf. des Organisationsbereichs zu senden, damit etwaige Fragen im Vorfeld geklärt und alle notwendigen Vorbereitungen getroffen werden können.

Gewinnung von Auditfragen
Zur Vorbereitung des Audits gehört die Erstellung eines Auditleitfadens. Insbesondere wenig erfahrene Auditoren sollten sich eine Fragensammlung zu den Themen des Auditplans anlegen.

Eine wichtige Aufgabe der Auditoren besteht darin, die wirksame Anwendung des QM-Systems durch Auditfragen zu verifizieren. Die Fragen können aus unterschiedlichen Quellen gewonnen werden. Viele geeignete Fragen ergeben sich aus der Prüfung der QM-Dokumente. Insbesondere Beschreibungen, die nicht eindeutig sind, die sich widersprechen oder deren Zweck vom Auditor nicht nachvollzogen werden kann, werfen Fragen auf. Andere Fragen ergeben sich direkt aus den Anforderungen der DIN EN ISO 9001, wie beispielsweise: „In welcher Weise vermitteln die Führungskräfte die Qualitätspolitik innerhalb der Organisation?" Solche Fragen können Auditchecklisten entnommen werden, die sich auf die branchenneutralen Normanforderungen der DIN EN ISO 9001 stützen. Weitere Auditfragen ergeben sich aus den gesetzlichen und behördlichen Anforderungen an die Produkte und Dienstleistungen der Organisation.

Der Auditleitfaden soll die Auditoren lediglich dabei unterstützen, das Auditgespräch systematisch durchzuführen und keine relevanten Sachverhalte zu vergessen. Dazu ist es hilfreich, die Auditfragen vollständig auszuformulieren. Verschiedene Fragetypen, also offene und geschlossene Fragen, sollten variabel eingesetzt werden. Offene Fragen eignen sich gut, um einen neuen Themenbereich zu erschließen, z. B.: „Welche Regelungen gelten in Ihrer Organisation zum Umgang mit Beschwerden?" Die Antworten der Auditierten werfen in der Regel neue Fragen auf, sodass im Idealfall ganz von allein ein Gespräch entsteht.

Den meisten Menschen fällt es leichter, Fragen, in denen konkrete Sachverhalte oder Beispiele thematisiert werden, zu beantworten, als abstrakte Fragen. Der Umgang mit Beschwerden kann beispielsweise durch die abstrakte Frage: „In welcher Weise gehen Sie mit Kundenbeschwerden um?" auditiert werden oder durch eine Frage, die auf einen konkreten Sachverhalt verweist: „Ein Kunde beschwert sich bei Ihnen über die schlechte telefonische Erreichbarkeit Ihrer Organisation. In welcher Weise bearbeiten Sie diese Beschwerde?"

Auswahl geeigneter Auditmethoden
Dem Auditor stehen im Wesentlichen die folgenden Auditmethoden zur Verfügung:

- **Dokumentenprüfung**
  Die Bedeutung der Dokumentenprüfung im Rahmen der Auditvorbereitung wurde bereits beschrieben. Beim Vor-Ort-Audit wird geprüft, ob die dokumentierten Informationen an den jeweiligen Einsatzorten in aktueller Version vorliegen und ob die Mitglieder der Organisation die QM-Dokumente richtig anwenden. In vielen Organisationen werden dokumentierte Informationen mithilfe elektronischer Informationssysteme gelenkt. Themen wie die Handhabung elektronischer Daten, Datensicherung und Datenschutz gewinnen deshalb immer mehr an Bedeutung.
- **Befragung**
  Die Befragung ist die wichtigste Methode zur Erhebung von Auditnachweisen. Mitglieder der Organisation werden darum gebeten, bestimmte Tätigkeiten oder einen Prozess zu erläutern, um zu prüfen, ob ihnen die Regelungen des QM-Systems bekannt sind und von ihnen angewendet werden. Die Auditgespräche sollen möglichst während der Arbeitszeit und am Arbeitsort der Auditierten durchgeführt werden. Wenn möglich, kann sich der Auditor im Rahmen der Befragung die Durchführung von einzelnen Tätigkeiten, z. B. die Funktionsprüfung eines Geräts, demonstrieren lassen.
- **Begehung**
  Vor-Ort-Audits müssen dort stattfinden, wo die operativen Prozesse der Organisation erbracht werden. Die unvermeidlichen Störungen, die das Audit verursacht, sollen möglichst gering gehalten werden. Zur Vorbereitung gehört deshalb eine sorgfältige Planung mit Auswahl der Organisationsbereiche, die begangen werden müssen, um die Zielsetzung des Audits zu erreichen. Dies sollte in enger Absprache zwischen Auditteam und Organisation geschehen. Dabei sind auch Risiken für das Auditteam und die Organisation in Betracht zu ziehen und entsprechende Maßnahmen zur Risikovermeidung ein-

zuleiten.[4] Falls erforderlich muss die Organisation den Auditoren Schutzausrüstungen zur Verfügung stellen und sie über das Verhalten in Notfällen informieren.[5]

- **Stichprobennahme**
Eine Stichprobennahme im Rahmen eines Audits ist geboten, wenn es auf Grund der Datenmenge unmöglich ist, alle vorhandenen Informationen auszuwerten, oder wenn der damit verbundene Aufwand zu groß ist. Die DIN EN ISO 19011:2011 unterscheidet die entscheidungsbasierte Stichprobennahme, die sich auf die Kompetenzen und Erfahrungen der Auditoren stützt sowie auf die statistische Stichprobennahme, die eben statistische Methoden verwendet, um Aussagen über eine definierte Grundgesamtheit zu treffen.

Um eine entscheidungsbasierte Stichprobennahme handelt es sich immer, wenn der Auditor durch die Einsichtnahme in wenige Nachweisdokumente prüft, ob Tätigkeiten gemäß den Vorgaben des QM-Systems durchgeführt werden. Ein Nachteil dieses intuitiven Verfahrens ist, dass anhand dieser Stichproben keine statistisch validen Aussagen möglich sind.[6]

Die statistische Stichprobennahme basiert auf der Wahrscheinlichkeitstheorie und erlaubt konkrete Aussagen über die Zuverlässigkeit von Prozessen. Diese Form der Stichprobennahme muss sorgfältig geplant und dokumentiert werden.[7] In der praktischen Anwendung im Audit sind statistische Verfahren jedoch von eher untergeordneter Bedeutung.[8]

Das Auditteam sollte während der Vorbereitung überlegen, welche Methode am besten für welchen Zweck geeignet ist, und das Audit entsprechend planen. Eine Begehung eignet sich besonders, wenn es

---

[4] Vgl. DIN EN ISO 19011:2011-12 – Leitfaden zur Auditierung von Managementsystemen (ISO 19011:2011), S. 34.
[5] Vgl. DIN EN ISO 19011:2011-12 – Leitfaden zur Auditierung von Managementsystemen (ISO 19011:2011), S. 77.
[6] Vgl. DIN EN ISO 19011:2011-12 – Leitfaden zur Auditierung von Managementsystemen (ISO 19011:2011), S. 73.
[7] Vgl. DIN EN ISO 19011:2011-12 – Leitfaden zur Auditierung von Managementsystemen (ISO 19011:2011), S. 74 f.
[8] Vgl. Gietl, Lobinger (2012) S. 98.

darum geht, die Infrastruktur und die Prozessumgebung zu auditieren. Befragungen sind ein probates Mittel, wenn es darum geht, herauszufinden, ob die Mitglieder der Organisation die Qualitätspolitik verstanden haben. Kennzeichnung und Rückverfolgbarkeit einzelner Leistungen können durch eine stichprobenartige Einsichtnahme in Nachweisdokumente auditiert werden. In der Auditpraxis werden die Auditmethoden zwar schwerpunktmäßig, aber immer miteinander kombiniert eingesetzt.

5.3.4 Audit durchführen

Das Audit als Intervention

Die Durchführung eines Audits ist für organisationsfremde Auditoren eine höchst sensible Angelegenheit. Die Wirkungen eines Audits auf die auditierte Organisation werden im Allgemeinen unterschätzt. Der Auditor tangiert während des Audits manchmal Tabuzonen, also Themen, die in den Organisationen üblicherweise nicht offen angesprochen und diskutiert werden. Seine besondere Aufgabe, nämlich die Wirksamkeit des QM-Systems zu beurteilen, legitimiert den Auditor dazu, Zielsetzungen, Handlungen und andere Sachverhalte zu hinterfragen. Das Audit ist folglich eine Intervention, die in der Organisation Reaktionen auslöst.

Bereits die Ankündigung eines Audits veranlasst die Organisationsmitglieder, sich anders als bisher zu verhalten. Die meisten Mitarbeiter möchten vom Auditor positiv wahrgenommen werden. Sie bemühen sich, die Vorgaben der QM-Dokumente so gut es geht umzusetzen und die Fragen des Auditors möglichst vollständig und kompetent zu beantworten. Es kann aber auch zu angespannten Situationen kommen, wenn Führungskräfte im Vorfeld des Audits Druck auf ihre Mitarbeiter ausüben, weil ihre Abteilung ein möglichst gutes Auditergebnis erreichen soll. Bei einigen Mitarbeitern wird auf diese Weise Widerstand erzeugt, der sich dann im Audit als reaktantes Verhalten gegenüber dem Auditor zeigt. Im ungünstigsten Fall nutzen Mitarbeiter das Audit, um innerbetriebliche Konflikte mit ihren Vorgesetzten oder dem Qualitätsmanagementbeauftragten auszutragen. Abweichungen werden vom Auditor sachlich beschrieben, ohne Interpretationen vorzunehmen, die innerhalb der Organisation zu Schuldzuweisungen führen könnten, da die meisten Fehler systembedingt entstehen und nicht auf das Fehlverhalten einzelner Menschen zurückzuführen sind.

Ein Auditor kann durch gezielte Fragen oder Anmerkungen Impulse setzen, die zum Nachdenken anregen und so zur Weiterentwicklung des QM-Systems beitragen. Der Auditor kann die Aufmerksamkeit der Organisation gezielt auf bestimmte Themen oder Prozesse lenken und so einzelne Bereiche aufwerten. Dabei sollte sich auch die Organisation der großen Einflussmöglichkeiten des Auditors bewusst sein.

Gesprächsführung im Audit
Das Auditgespräch ist ein asymmetrisches Gespräch. Die Aufgabe des Auditors ist, Nachweise zu erheben, um schließlich beurteilen zu können, ob die Auditkriterien erfüllt sind. Die Auditierten sollen durch ihre Auskünfte die wirksame Anwendung des QM-Systems nachweisen. Viele Mitarbeiter erleben das Audit als unangenehme Prüfungssituation, der sie sich lieber entziehen würden. Der Auditor kann die Situation entspannen, indem er für eine ruhige und konstruktive Gesprächsatmosphäre sorgt. Ideal ist ein Auditgespräch, das in einer kollegialen Atmosphäre geführt wird.

Die Auditfragen sollten so formuliert werden, dass die Auditierten die Fragen verstehen können. Normbegriffe, die in der Alltagssprache nicht vorkommen wie z. B. „Nichtkonformität" oder „externer Anbieter", sollte der Auditor vermeiden. Zu Beginn des Auditgesprächs stellt sich der Auditor vor und fragt seinen Gesprächspartner nach seinen Aufgaben in der Organisation. Hilfreich ist es, den Mitarbeiter mit einer offenen Frage zu bitten, einen konkreten Prozess oder eine Tätigkeit zu beschreiben. Auf dieser Basis können anschließend weitergehende Auditfragen gestellt werden. Auditoren sollten ihren Gesprächspartnern ausreichend Zeit geben, um die Auditfragen richtig zu erfassen. Einfache, betriebsrelevante Beispiele können die Beantwortung der Auditfragen erleichtern. Aktives Zuhören, also das Wiederholen des Gehörten, kann gezielt dazu eingesetzt werden, Sachverhalte zu klären, die vom Auditor nicht sofort verstanden wurden.

5.3 Der Auditprozess
5 Auditierung und Zertifizierung

> **! Hinweis**
>
> Das Audit ist umso angenehmer, je besser es dem Auditor gelingt, sich von seinem Auditleitfaden zu lösen und ein kollegiales Gespräch mit den Mitgliedern der auditierten Organisation zu führen.

Einführungsgespräch

Das Audit am Standort der Organisation beginnt mit dem Einführungsgespräch des Auditteamleiters. Teilnehmer sind die Führungskräfte der Organisation und die Mitglieder des Auditteams. Zunächst sollten sich alle miteinander bekannt machen. Der Auditteamleiter erläutert den Zweck des Audits und erkundigt sich nach den Erwartungen der Führungskräfte an das Audit. Anschließend vergewissert sich der Auditteamleiter, ob das Audit wie geplant durchgeführt werden kann oder ob kurzfristige Änderungen notwendig sind. Plötzliche, unerwartete Störungen im Betrieb oder der krankheitsbedingte Ausfall eines Funktionsträgers können in Ausnahmefällen Änderungen des Auditplans erfordern.

Der Auditteamleiter erläutert das Vorgehen bei der Auditierung und betont, dass es dem Auditteam nicht darum geht, Fehler aufzustöbern, sondern die wirksame Anwendung des QM-Systems festzustellen. Für den Fall, dass Abweichungen festgestellt werden, erläutert der Auditteamleiter die Klassifizierung der Auditfeststellungen und die damit verbundenen Folgemaßnahmen.

Dauer und Detaillierung des Einführungsgesprächs hängen davon ab, ob die Organisation bereits über Auditerfahrung verfügt.

Erhebung und Dokumentation von Auditnachweisen

Das Auditteam erhebt Nachweise, die entweder die konforme Anwendung des QM-Systems oder Abweichungen belegen. Grundsätzlich ist bei der Auditierung darauf zu achten, eine ausreichende Anzahl von Auditnachweisen zu erfassen, um die Erfüllung der Auditkriterien wirksam zu prüfen. Auditplan und -leitfaden ermöglichen dem Team, die Auditnachweise systematisch zu erheben und zu dokumentieren.

5.3 Der Auditprozess
5 Auditierung und Zertifizierung

Zur Dokumentation des Audits gehört auch die Erfassung der Personen und Funktionen, die am Audit teilgenommen haben. Die Teilnehmerliste soll belegen, dass eine ausreichende Anzahl von Organisationsmitgliedern auditiert wurde.

Das folgende Beispiel zeigt, wie Auditnachweise zum Thema Qualitätspolitik mit unterschiedlichen Methoden erhoben werden können:

> **⇨ Beispiel**
>
> Bereits während der Dokumentenprüfung zur Auditvorbereitung wurde die Normkonformität der Qualitätspolitik geprüft. Zu Beginn des Audits werden die Führungskräfte befragt, in welcher Weise der aktuelle Kontext der Organisation bei der Festlegung der Qualitätspolitik berücksichtigt wurde. Anschließend nimmt der Auditor Einsicht in die QM-Dokumentation, um zu prüfen, ob die Qualitätsziele im Einklang mit der Qualitätspolitik festgelegt wurden. Zusätzlich bittet der Auditor die Führungskräfte, ihm den Zusammenhang zwischen den Zielen und der Qualitätspolitik zu erläutern. Ein weiterer Auditnachweis ist die Homepage der Organisation, mit der interessierte Parteien über die Inhalte der Qualitätspolitik informiert werden. Im weiteren Verlauf des Audits, während der Begehung des Standortes, beobachtet das Auditteam, inwieweit die Mitarbeiter die Qualitätsgrundsätze der Organisation bei der Arbeit anwenden und ob die Infrastruktur geeignet ist, den Qualitätsanspruch der Organisation zu realisieren.

Die folgende Tabelle zeigt die jeweils genutzte Auditmethode und die dadurch erhobenen Auditnachweise:

Auditmethode	Auditnachweise
Dokumentenprüfung vor dem Vor-Ort-Audit	• dokumentierte Qualitätspolitik
Befragung	• Auskünfte der Führungskräfte zu den Inhalten der Qualitätspolitik

5.3 Der Auditprozess

Auditmethode	Auditnachweise
Dokumentenprüfung, Einsichtnahme während des Audits	• dokumentierte Qualitätspolitik • dokumentierte Qualitätsziele • Homepage, Flyer, Video
Begehung	• Verhalten der Mitarbeiter • Infrastruktur

Tab. 1: Erhebung von Auditnachweisen

Alle Auditnachweise müssen so genau erfasst werden, dass die auditierte Organisation nachvollziehen kann, worauf sich die Auditfeststellungen des Auditteams stützen. Die aus Befragungen gewonnenen Erkenntnisse sind wahrheitsgemäß zu protokollieren. Eingesehene dokumentierte Informationen müssen mindestens mit Titel des Dokuments und dem Herausgabedatum aufgezeichnet werden. Bei elektronischen Dokumenten, die nicht anderweitig datiert sind, ist außerdem das Zugriffsdatum zu protokollieren.

Einige Sachverhalte, z. B. die unsachgemäße Lagerung von Material, können gut fotografisch dokumentiert werden. Fotografiert werden darf allerdings nur, wenn der Auftraggeber eine entsprechende Genehmigung dazu erteilt hat.[9] Insbesondere bei internen Audits eignen sich Fotos, um Mitarbeitern Fehler oder Verbesserungspotenziale zu verdeutlichen.

Sollte das Auditteam Sachverhalte erkennen, die eine akute Gefahr für die Organisation darstellen, so muss der Auditteamleiter die zuständigen Führungskräfte sofort darüber informieren. Falls die Zielsetzung des Audits aufgrund der festgestellten Sachverhalte nicht mehr erreicht werden kann, muss ein Abbruch des Audits in Erwägung gezogen werden. Kritische Befunde, die nicht Gegenstand des Auditauftrags sind, sollten notiert und dem Auftraggeber mitgeteilt werden.

---

[9] Vgl. DIN EN ISO 19011:2011-12 – Leitfaden zur Auditierung von Managementsystemen (ISO 19011:2011), S. 77.

5.3 Der Auditprozess

Auditfeststellung erarbeiten

Die „*Kausalkette der Auditbegriffe*"[10],[11] ist eine bewährte Methode zur systematischen Erarbeitung von Auditfeststellungen. Die insgesamt erhobenen Auditnachweise werden in Beziehung zu den zutreffenden Auditkriterien gesetzt, um festzustellen, ob die Auditkriterien erfüllt (= konform) oder nicht erfüllt (= nichtkonform) sind und welche Auditschlussfolgerungen sich daraus ergeben. Die folgende Tabelle zeigt das Vorgehen anhand eines Beispiels.

	Erläuterung	Beispiel
Auditkriterien	• Anforderungen der ISO 9001 • Vorgaben der QM-Dokumente • gesetzliche und behördliche Anforderungen • weitere Referenzdokumente	ISO 9001; 9.1.2 Kundenzufriedenheit Die Organisation muss die Wahrnehmungen des Kunden über den Erfüllungsgrad seiner Erfordernisse und Erwartungen überwachen. Die Organisation muss die Methoden zum Einholen, Überwachen und Überprüfen dieser Informationen bestimmen.
Auditnachweise	• dokumentierte Informationen • Auskünfte von Mitgliedern der Organisation • Wahrnehmungen des Auditors	Das Audit ergibt, dass die Organisation die Zufriedenheit ihrer Kunden ausschließlich durch die Bewertung und Analyse der eingegangenen Beschwerden überwacht.

---

[10] Gietl; Lobinger (2012) S. 35.
[11] Vgl. DIN EN ISO 19011:2011-12 – Leitfaden zur Auditierung von Managementsystemen (ISO 19011:2011), S. 42.

5.3 Der Auditprozess
5 Auditierung und Zertifizierung

	Erläuterung	Beispiel
Auditfeststellungen	Konformität oder Nichtkonformität	Nichtkonformität – Begründung: Die Normanforderung ist nur partiell erfüllt, weil nur Informationen von Kunden ausgewertet werden, die ihre Unzufriedenheit geäußert haben.
Auditschlussfolgerungen	Nichtkonformität • dringender Handlungsbedarf (= Hauptabweichungen) • Handlungsbedarf (= Nebenabweichungen) Konformität • Empfehlungen zur Verbesserung • Hervorheben als positiver Aspekt	Handlungsbedarf – eine Korrekturmaßnahme muss ergriffen werden.

Tab. 2: Anwendung der Kausalkette der Auditbegriffe[12]

Konforme Sachverhalte können zusammenfassend beschrieben werden. Der Auditor sollte besonders positive Aspekte der Normanwendung hervorheben. Zudem kann der Auditor durch begründete Empfehlungen auf Verbesserungsmöglichkeiten hinweisen. Der Auditor sollte seine Empfehlung als Impuls betrachten, der die Organisation dazu anregt, sich mit einem Verbesserungspotenzial auseinanderzusetzen. Die beste Wirkung ist dann erreicht, wenn die Organisation diesen Impuls nutzt, um eigene Verbesserungen zu entwickeln.

Sachverhalte, die vom Auditor als nichtkonform (= Abweichungen) eingestuft werden, müssen für den Auditauftraggeber nachvollziehbar beschrieben werden. Der Auditor muss mit objektiven Auditnachwei-

---

[12] Eigene Darstellung in Anlehnung an Gietl; Lobinger (2012) S. 35.

5.3 Der Auditprozess
5 Auditierung und Zertifizierung

sen belegen, welche Auditkriterien nicht erfüllt sind. Die Abweichungen müssen von der auditierten Organisation verstanden und akzeptiert werden.

Bei internen Audits obliegt es der zuständigen Führungskraft, die Nichtkonformitäten zu beseitigen. Die dazu erforderlichen Korrekturen oder Korrekturmaßnahmen müssen so schnell wie möglich eingeleitet werden. Eine Klassifizierung der Abweichungen bei internen Audits ist in der DIN EN ISO 9001 nicht vorgesehen. In der Praxis hat sich bewährt, bei der Maßnahmenplanung zwischen dringendem Handlungsbedarf und Handlungsbedarf zu unterscheiden.

Im Zertifizierungsverfahren wird zwischen wesentlichen Abweichungen (= Hauptabweichungen) und untergeordneten Nichtkonformitäten (= Nebenabweichungen) unterschieden.[13] Eine wesentliche Nichtkonformität besteht, wenn eine Normanforderung nicht umgesetzt wurde oder wenn der Auditor den Eindruck hat, dass die Organisation nicht in der Lage ist, die Qualität von Produkten und Dienstleistungen zu gewährleisten.

In diesen Fällen müssen die wesentlichen Nichtkonformitäten vor der Zertifizierungsentscheidung beseitigt werden. Wenn untergeordnete Nichtkonformitäten vorliegen, müssen die geplanten Korrekturen und Korrekturmaßnahmen von der Zertifizierungsstelle bewertet und akzeptiert werden, bevor das Zertifikat vergeben werden kann.[14]

Abschlussgespräch
Am Abschlussgespräch sollte derselbe Personenkreis wie am Einführungsgespräch teilnehmen. Das Auditteam gibt den Führungskräften eine kurze zusammenfassende Rückmeldung. Zunächst trifft der Auditteamleiter eine Aussage darüber, ob und in welchem Umfang die Ziele des Audits erreicht werden konnten. Anschließend sollten die positiven

---

[13] Vgl. DIN EN ISO/IEC 17021:2011-07 – Konformitätsbewertung – Anforderungen an Stellen, die Managementsysteme auditieren und zertifizieren (ISO/IEC 17021:2011), S. 44.
[14] Vgl. DIN EN ISO/IEC 17021:2011-07 – Konformitätsbewertung – Anforderungen an Stellen, die Managementsysteme auditieren und zertifizieren (ISO/IEC 17021:2011), S. 48.

Ergebnisse des Audits dargestellt und anhand von wenigen Beispielen belegt werden. Das Auditteam sollte die wichtigsten Verbesserungspotenziale benennen und Empfehlungen für Verbesserungen geben. Schließlich sollten die festgestellten Abweichungen erläutert und durch Beispiele belegt werden. Die Mitglieder der auditierten Organisation sollten ausreichend Gelegenheit haben, um klärende Fragen an das Auditteam zu stellen. Wenn möglich, sollte ein Konsens über die Abweichungen mit den Auditierten hergestellt werden. Anschließend vereinbart das Auditteam mit den zuständigen Führungskräften Maßnahmen zur Beseitigung der Abweichungen. Üblicherweise werden die Abweichungen und die geplanten Korrekturmaßnahmen auf einem Formular dokumentiert.

5.3.5 Audit nachbereiten

Sofern die Auditergebnisse in einem lesbaren Auditprotokoll aufgezeichnet wurden, ist es bei internen Audits nicht zwingend notwendig, nach dem Audit zusätzlich einen ausführlichen Bericht zu erstellen.

In jedem Fall sollte das Auditteam nach dem Audit eine Nachbesprechung durchführen, um während des Audits entstandene Fragen zu klären und über Verbesserungen in der Durchführung zukünftiger Audits nachzudenken.

Für die Erstellung von Auditberichten gibt es keine formalen Vorgaben. Die meisten Zertifizierungsstellen sind dazu übergegangen, kurze Auditberichte zu erstellen, die sich auf die wesentlichen Aspekte des Audits beschränken. Diese Berichte haben den Vorteil, dass der Aufwand für die Erstellung gering ist und die auditierte Organisation die Inhalte schnell erfassen kann.

Aufwendiger ist die Erstellung umfassender, detaillierter Auditberichte, in denen Sachverhalte nicht verkürzt, sondern im Zusammenhang beschrieben werden. Dazu ist es unerlässlich, dass der Auditbericht zeitnah, am besten am Tag nach dem Audit, geschrieben wird. Sowohl positive als auch negative Auditbefunde sind sachlich und für die Auditierten nachvollziehbar aufzuzeichnen. Die Auditbefunde müssen im

5.3 Der Auditprozess
5 Auditierung und Zertifizierung

Bericht in Bezug zu den jeweils geltenden Auditkriterien dargestellt werden. Abweichungen und Empfehlungen sollten deutlich getrennt von anderen Auditbefunden dargestellt werden.

> **! Hinweis**
> Keinesfalls darf der Auditbericht Informationen enthalten, die den im Abschlussgespräch getroffenen Aussagen widersprechen!

Der Auditbericht sollte mit einer zusammenfassenden Bewertung abschließen, die Bezug auf die Zielsetzung des Audits nimmt. Bei internen Audits sollte der Auditbericht der auditierten Organisation innerhalb von 14 Tagen vorgelegt werden. Bei Zertifizierungen muss der Auditleiter seinen Bericht der Zertifizierungsstelle in diesem Zeitraum vorlegen.

Wie bereits beschrieben, müssen die notwendigen Korrekturen und Korrekturmaßnahmen von den zuständigen Führungskräften umgesetzt werden. Die Wirksamkeit der ergriffenen Maßnahmen sollte spätestens im nächsten internen Audit überprüft werden. Der Auditbericht und die ggf. erstellten Abweichungsberichte sind wichtige Eingaben für die Planung zukünftiger Audits.

Die Auditdokumentation, bestehend aus dem Auditprogramm, dem Auditplan, der Teilnehmerliste und dem Auditbericht (ggf. mit Abweichungsberichten), muss von der Organisation aufbewahrt werden.[15] Die Normen enthalten keine konkreten Fristen für die Aufbewahrung, es ist aber empfehlenswert, die Auditdokumentation mindestens drei Kalenderjahre aufzuheben, damit die Audits eines kompletten Zertifizierungszyklus nachgewiesen werden können. Zertifizierungsstellen sind verpflichtet, die Auditunterlagen für die Dauer von zwei Zertifizierungszyklen zu archivieren.[16]

---

[15] Vgl. DIN EN ISO 9001:2015-11, Qualitätsmanagementsysteme – Anforderungen (ISO 9001:2015), S. 46.
[16] Vgl. DIN EN ISO 9001:2015-11, Qualitätsmanagementsysteme – Anforderungen (ISO 9001:2015), S. 61.

5.4 Bewertung der Auditor-Kompetenz

Die DIN EN ISO 19011 fordert, dass die Kompetenzen der Auditoren regelmäßig bewertet und weiterentwickelt werden. Organisationen sollten zunächst ermitteln, welche Kompetenzen ihre Auditoren benötigen. Neben den Kompetenzen zur Umsetzung des organisationsspezifischen Auditprogramms müssen Auditoren vor allem ein hohes Maß an Sozialkompetenz besitzen. In den folgenden Bereichen sollen sie auch über Wissen und Fertigkeiten verfügen:

- Auditprinzipien, -verfahren und -methoden anwenden
- Managementsystem- und Referenzdokumente
- Kontext der Organisation
- relevante gesetzliche, vertragliche sowie weitere Anforderungen, Qualitätsterminologie, QM-Grundsätze sowie QM-Werkzeuge und deren Anwendung
- branchenspezifische Terminologie, Prozesse und Praktiken[1]

Die Auditor-Kompetenz kann durch eine formelle Ausbildung, Schulungsprogramme und durch die Teilnahme an Audits erworben werden.[2] Die Ausbildung sollte die Planung, Durchführung und Nachbereitung von Audits umfassen. Die DIN EN ISO 19011:2011 enthält allerdings keine konkreten Vorgaben bezüglich der Inhalte und des Umfangs der Ausbildung von Auditoren.

Konkrete Anforderungen sind im „Leitfaden zur Zertifizierung von QM-Fachpersonal" enthalten, der für Auditoren gilt, die sich einer akkreditierten Personenzertifizierung unterziehen möchten (siehe folgende Tabelle).

---

[1] Vgl. DIN EN ISO 19011:2011-12 – Leitfaden zur Auditierung von Managementsystemen (ISO 19011:2011), S. 50 ff.

[2] Vgl. DIN EN ISO 19011:2011-12 – Leitfaden zur Auditierung von Managementsystemen (ISO 19011:2011), S. 55.

5.4 Bewertung der Auditor-Kompetenz

5 Auditierung und Zertifizierung

Anforderung	Interner Qualitätsauditor	Qualitätsauditor
Ausbildung	abgeschlossene Berufsausbildung oder höherwertig	abgeschlossene Hochschulausbildung
ersatzweise Berufserfahrung für fehlende Ausbildung	mind. 5 Jahre Vollzeit	Bei Fachschulausbildung (Techniker, Meister oder entsprechend) sind 5 Jahre Vollzeit erforderlich.
Berufserfahrung	mind. 2 Jahre Vollzeit	mind. 4 Jahre Vollzeit
Qualitätsbezogene Tätigkeiten	mind. 1 Jahr der Berufserfahrung	mind. 2 Jahre der Berufserfahrung
Schulung im Qualitätsmanagement	erfolgreicher Abschluss des Qualitätsbeauftragten-Lehrgangs als Zugangsvoraussetzung; Teilnahme am Lehrgang Interner Qualitätsauditor mit mind. 20 U-Std. und erfolgreichem Abschluss	erfolgreicher Abschluss des Qualitätsmanager-Lehrgangs als Zugangsvoraussetzung; Teilnahme am Qualitätsauditoren-Lehrgang mit mind. 40 U-Std. und erfolgreichem Abschluss
Auditerfahrung	mind. 1 Qualitätsaudit mit mind. 4 Tagen für die Prüfung der Dokumentation, Auditplanung, Auditdurchführung und Auditbericht, davon mind. 2 Tage vor Ort	mind. 4 Qualitätsaudits mit mind. 20 Tagen für die Prüfung der Dokumentation, Auditplanung, Auditdurchführung und Auditbericht, davon mind. 10 Tage vor Ort

Tab. 1: Qualifikationsanforderungen an Auditoren[3]

---

[3] Vgl. http://www.dakks.de/sites/default/files/71%20SD%206%20011_Leitfaden%20QM-Fachpersonal%20Stand%2020.08.2007.pdf (Stand 15.12.2015).

5.4 Bewertung der Auditor-Kompetenz

Organisationen, die Audits durchführen, sollen Bewertungskriterien festlegen, die sich auf die oben genannten Kompetenzen beziehen. Als Bewertungsmethoden eignen sich z. B. Befragungen, Beobachtungen, Begutachtungen durch Kollegen und Bewertungen von Auditaufzeichnungen. Eine bewährte Methode, die auch in kleineren Organisationen angewendet werden kann, ist eine schriftliche Befragung der Auditierten im Anschluss an ein Audit (Fragebogen „Audit" im Portal). Die so gewonnenen Daten können anschließend ausgewertet und zur Planung von Fortbildungen genutzt werden.

Auditoren sollten alle zur Verfügung stehenden Fortbildungsmöglichkeiten nutzen, um ihre Kompetenzen ständig zu verbessern. Ein Auditorenaustausch zwischen verschiedenen Organisationen ist vorteilhaft für alle Beteiligten. Die Auditoren erweitern ihre Kompetenz, indem sie die QM-Systeme anderer Organisationen kennenlernen. Die Organisationen können die Unabhängigkeit des Auditprozesses sicherstellen und eine gewisse „Betriebsblindheit" vermeiden.

5.5 Zertifizierung nach DIN EN ISO 9001

5.5.1 Begriffsklärung Akkreditierung und Zertifizierung

Der Begriff Akkreditierung bedeutet in etwa Anerkennung. „Die Deutsche Akkreditierungsstelle" (DAkkS) beschreibt den Zweck der Akkreditierung wie folgt: *„Akkreditierung verringert das Risiko für Unternehmen und ihre Kunden, indem sie versichert, dass akkreditierte Konformitätsbewertungsstellen (KBS) kompetent sind, die Arbeiten auszuführen, die sie im Rahmen des Geltungsbereiches ihrer Akkreditierung durchführen."*[1] Das Akkreditierungswesen in Deutschland wurde im Jahr 2009 mit dem Akkreditierungsstellengesetz (AkkStelleG) neu geregelt. Seit 2010 ist die DAkkS die einzige deutsche Akkreditierungsstelle. Durch Mitgliedschaften der DAkkS in der „European co-operation for Accreditation" (EA) und dem „International Accreditation Forum" (IAF) ist die Gleichwertigkeit und gegenseitige Anerkennung von Zertifikaten nach ISO 9001 auf internationaler Ebene sichergestellt.[2]

Im Gegensatz zur Akkreditierung ist die Zertifizierung von Managementsystemen nach ISO 9001 in Deutschland nicht gesetzlich geregelt. Zertifizierungsstellen (= Konformitätsbewertungsstellen), die Zertifikate nach DIN EN ISO 9001 vergeben, müssen sich nicht durch die DAkkS akkreditieren lassen. Die Akkreditierung ist jedoch eine wirksame Form der Qualitätssicherung und die Voraussetzung für eine allgemeine Akzeptanz eines Zertifikats als externer Qualitätsnachweis. Die DAkkS überprüft regelmäßig die Strukturen, Prozesse sowie die Fachkompe-

---

[1] http://dakks.de/content/anleitung-zum-%C3%BCbergang-iso-90012015-und-iso-140012015 (Stand 26.10.2015), S. 2.

[2] Vgl. http://dakks.de/content/anleitung-zum-%C3%BCbergang-iso-90012015-und-iso-140012015 (Stand 26.10.2015), S. 2.

5 Auditierung und Zertifizierung

tenz des Personals akkreditierter Zertifizierungsstellen. Für Organisationen, die sich einer Zertifizierung unterziehen möchten, ist es deshalb ratsam, eine akkreditierte Zertifizierungsstelle auszuwählen.

Der Begriff Zertifizierung bedeutet Bestätigung. Die Zertifizierungsstelle bestätigt mit dem Zertifikat, dass die auditierte Organisation die Anforderungen der DIN EN ISO 9001 zum Zeitpunkt der Auditierung erfüllt hat. Organisationen können sich freiwillig einer Auditierung durch eine unabhängige Zertifizierungsstelle unterziehen, um die wirksame Anwendung ihres QM-Systems nachzuweisen.

Die Bedeutung der Zertifikate hängt von den Gepflogenheiten in den einzelnen Branchen ab. In der Automobilbranche ist ein akkreditiertes Zertifikat nach ISO 9001 eine zwingende Voraussetzung, um als Lieferant akzeptiert zu werden. Bei öffentlichen Ausschreibungen können die Auftraggeber den Nachweis eines Zertifikats als Mindestanforderung an Auftragnehmer definieren. In anderen Branchen, z. B. im Gesundheitswesen, müssen die Leistungserbringer zwar QM-Systeme einführen und weiterentwickeln, der formale Nachweis eines bestimmten QM-Systems ist aber grundsätzlich nicht gefordert.

Der juristische Wert einer Zertifizierung wird nach wie vor kontrovers diskutiert. Grundsätzlich ist die DIN EN ISO 9001 ein Regelwerk, das keine rechtliche Bedeutung hat. Die Erfüllung von Normanforderungen kann jedoch zwischen Vertragspartnern vereinbart werden. Darüber hinaus kann ein wirksames Qualitätsmanagement hilfreich sein, wenn es darum geht zu beweisen, dass eine Organisation ihre Tätigkeiten richtig ausgeführt hat.

Letztlich erfährt der Kunde im alltäglichen Kontakt, ob die Organisation über ein wirksames QM-System verfügt und in der Lage ist, die Kundenanforderungen zu erfüllen.

5.5 Zertifizierung nach DIN EN ISO 9001
5 Auditierung und Zertifizierung

5.5.2 Ablauf des Zertifizierungsverfahrens

Akkreditierte Zertifizierungsstellen sind bei der Durchführung der Zertifizierung an die Vorgaben der DAkkS und die DIN EN ISO 17021 gebunden. Im Folgenden wird der Ablauf einer Erstzertifizierung von der Einholung eines Angebots bis zur Erteilung des Zertifikats beschrieben (siehe folgende Abbildung).

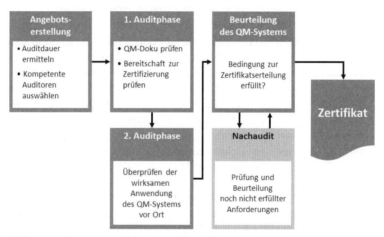

Bild 1: Zertifizierungsverfahren (Quelle: Roland Lapschieß)

Organisationen, die ihr QM-System nach DIN EN ISO 9001 zertifizieren lassen möchten, können aus einer Vielzahl akkreditierter Zertifizierungsstellen auswählen. Eine differenzierte Datenbankabfrage auf der Internetseite der DAkkS (www.dakks.de) ist der einfachste Weg, um festzustellen, welche Zertifizierungsstellen für eine bestimmte Branche akkreditiert sind. Anschließend sollte geprüft werden, ob die infrage kommenden Zertifizierungsstellen über Referenzkunden in der Branche verfügen und ob ihre Zertifikate in der Branche akzeptiert sind.

5 Auditierung und Zertifizierung

Zur Erstellung konkreter Angebote benötigen die ausgewählten Zertifizierungsstellen einige Angaben über die zu zertifizierende Organisation. Die meisten Zertifizierungsstellen verwenden Formulare, um die erforderlichen Informationen zu erheben. Gemäß DIN EN ISO 17021 muss die Zertifizierungsstelle die folgenden Daten abfragen:

- Geltungsbereich der beabsichtigten Zertifizierung
- Name der Organisation, Anschrift und ggf. Anzahl und Anschriften ihrer Standorte
- Prozesse, Tätigkeiten und Zahl der Organisationsmitglieder
- für den Geltungsbereich relevante Informationen über Tätigkeiten, personelle und technische Ressourcen, Funktionen und Beziehungen zu übergeordneten Organisationen
- ausgegliederte Prozesse, die Einfluss auf die Qualität haben
- Inanspruchnahme von Beratungsleistungen für die Einführung des Managementsystems[3]

Die Dauer des Zertifizierungsaudits wird nach den Vorgaben der DAkkS anhand der Anzahl der Organisationsmitglieder, der Anzahl der Standorte sowie der Komplexität der Organisation ermittelt.[4] Die Zertifizierungsstelle muss prüfen, ob sie über die benötigten Kompetenzen und Fähigkeiten verfügt, um das Zertifizierungsaudit durchzuführen. Ist das der Fall, wird ein kompetenter Auditor ausgewählt oder ein Auditteam zusammengestellt, das gemeinsam über die erforderliche Kompetenz verfügt. In einigen sensiblen Branchen (z. B. Herstellung von pharmazeutischen Produkten, Luft- und Raumfahrzeugbau, Gesundheitswesen) muss der Auditor auch eine entsprechende berufliche Qualifikation nachweisen.

Die Angebote verschiedener Zertifizierungsstellen sind oft nur schwer vergleichbar, weil Teilleistungen unterschiedlich dargestellt und berechnet werden. In der Regel werden den Angeboten auch die Namen und Kurzlebensläufe der infrage kommenden Auditoren beigefügt.

---

[3] Vgl. DIN EN ISO 9001:2015-11, Qualitätsmanagementsysteme – Anforderungen (ISO 9001:2015).

[4] Vgl. DAkkS 2015b; IAF – Verbindliches Dokument Ermittlung von Auditzeiten für die Auditierung von Qualitätsmanagement- (QMS) und Umweltmanagementsystemen (UMS), Revision 1.1, S. 48.

5.5 Zertifizierung nach DIN EN ISO 9001

5 Auditierung und Zertifizierung

Die Organisation kann sich nun für eine Zertifizierungsstelle entscheiden. Sollten einzelne Auditoren der Organisation ungeeignet erscheinen, können weitere Vorschläge von der Zertifizierungsstelle eingeholt werden. Wenn die Organisation den Vertrag mit der Zertifizierungsstelle abgeschlossen hat, werden die Auditoren mit der Durchführung des Audits beauftragt. Im Auditauftrag sind neben dem Geltungsbereich des QM-Systems auch die Auditdauern und ggf. die Anzahl der Standorte vorgegeben, die auditiert werden müssen.

Der Auditteamleiter nimmt Kontakt mit der Organisation auf, spricht das weitere Vorgehen ab und vereinbart die Termine für die Auditierung.

Ein Erstzertifizierungsaudit muss in zwei Phasen durchgeführt werden. Das Ziel der ersten Phase, die auch Bereitschaftsanalyse genannt wird, ist festzustellen, ob das QM-System der Organisation eingeführt und so weit entwickelt ist, dass die zweite Phase der Zertifizierung erfolgreich abgeschlossen werden kann.

Die Auditoren prüfen während der ersten Auditphase die Konformität der QM-Dokumentation mit den Anforderungen der DIN EN ISO 9001. Des Weiteren wird begutachtet, ob das QM-System wirksam eingeführt ist. Dazu werden u. a. folgende Aspekte überprüft:

- Angaben der Organisation und zum Geltungsbereich des QM-Systems
- Identifikation der Prozesse und ihrer Wechselwirkungen
- Qualitätspolitik und Qualitätsziele müssen festgelegt und bekannt gemacht sein
- Planung und Durchführung der internen Audits und der Managementbewertung

Die erste Phase wird in der Regel am Standort der zu auditierenden Organisation durchgeführt. Nur in Ausnahmefällen, bei kleinen und wenig komplexen Organisationen, kann der Auditor die erste Zertifizierungsphase im Büro durchführen.

5 Auditierung und Zertifizierung

Nichtkonformitäten und erkannte Schwachstellen, die in der zweiten Auditphase zu Problemen führen könnten, müssen von den Auditoren mit der Organisation besprochen werden. Die zweite Auditphase sollte erst durchgeführt werden, wenn diese Nichtkonformitäten und erkannten Schwachstellen beseitigt sind.

Grundsätzlich ist es jedoch möglich, die zweite Phase direkt im Anschluss an die erste Auditphase durchzuführen. Wenn allerdings bereits in der ersten Auditphase Nichtkonformitäten oder Schwachstellen aufgetreten sind, sollte die Organisation entsprechende Korrekturmaßnahmen verwirklichen, bevor die zweite Auditphase beginnt.

Das Ziel der zweiten Auditphase ist, die wirksame Umsetzung der Normanforderungen durch die Organisation zu überprüfen. Die zweite Auditphase wird am Standort bzw. den Standorten der Organisation durchgeführt. Die Durchführung entspricht prinzipiell der im Kapitel 5.3.4 dargestellten Vorgehensweise. Die zweite Phase des Audits muss mindestens diese Aspekte umfassen:

- Konformitätsnachweise zu allen anwendbaren Normanforderungen
- Maßnahmen zur Überwachung der Produkt- und Dienstleistungsqualität
- Leistungsfähigkeit des QM-Systems bezogen auf behördliche und gesetzliche Vorgaben
- Operative Steuerung der Prozesse der Organisation
- Verwirklichung von internen Audits und Managementbewertungen
- Verantwortung der Leitung für generelle Regelungen
- Verknüpfungen zwischen normativen Anforderungen, gesetzlichen Vorgaben, eigenen Zielsetzungen und den Kompetenzen der Organisation sowie den Ergebnissen interner Audits[5]

Zum Abschluss des Zertifizierungsaudits bewerten die Auditoren sämtliche Nachweise beider Auditphasen und legen die Schlussfolgerungen fest.

---

[5] Vgl. DIN EN ISO/IEC 17021:2011-07 – Konformitätsbewertung – Anforderungen an Stellen, die Managementsysteme auditieren und zertifizieren (ISO/IEC 17021:2011), S. 51 f.

5.5 Zertifizierung nach DIN EN ISO 9001
5 Auditierung und Zertifizierung

Die oberste Leitung der Organisation wird im Abschlussgespräch über das Auditergebnis informiert. Wenn keine Abweichungen festgestellt wurden, kann der Auditteamleiter die Erteilung des Zertifikats empfehlen. Die Entscheidung über die Erteilung des Zertifikats obliegt der Zertifizierungsstelle.

Falls beim Zertifizierungsaudit Nichtkonformitäten festgestellt wurden, müssen diese im Abschlussgespräch erläutert werden. Die Zertifizierungsgesellschaften verwenden verschiedene Klassifizierungen zur Einstufung von Nichtkonformitäten. Häufig wird zwischen Haupt- und Nebenabweichungen unterschieden.

Eine Hauptabweichung liegt vor, wenn eine oder mehrere Normanforderungen nicht erfüllt sind oder wenn Zweifel an der Wirksamkeit des QM-Systems bestehen. Hauptabweichungen müssen von der Organisation einer Ursachenanalyse unterzogen und anschließend durch Korrekturmaßnahmen beseitigt werden.[6] In vielen Fällen kann die wirksame Umsetzung der Korrekturmaßnahmen durch die Vorlage von Dokumenten nachgewiesen werden. In einigen Fällen ist es notwendig, ein Nachaudit durchzuführen, um die Wirksamkeit der Korrekturmaßnahmen vor Ort zu überprüfen. Die Nachweise müssen der Zertifizierungsstelle anschließend zur Bewertung und Entscheidung über die Zertifikatsvergabe vorgelegt werden. Das gesamte Verfahren muss in jedem Fall innerhalb von 90 Tagen nach dem letzten Audittag abgeschlossen sein.

Eine Nebenabweichung liegt vor, wenn ein oder mehrere Teile einer Normanforderung nicht umgesetzt sind und keine Zweifel an der Wirksamkeit des QM-Systems bestehen. Die Organisation muss eine Ursachenanalyse durchführen und Korrekturen bzw. Korrekturmaßnahmen

---

[6] Vgl. DIN EN ISO/IEC 17021:2011-07 – Konformitätsbewertung – Anforderungen an Stellen, die Managementsysteme auditieren und zertifizieren (ISO/IEC 17021:2011), S. 47 f.

zur Beseitigung der Nichtkonformitäten planen und terminieren.[7] Die geplanten Maßnahmen und Termine müssen vor der Zertifikatsvergabe von der Zertifizierungsstelle bewertet und akzeptiert werden.

Das Zertifikat nach ISO 9001 hat eine Gültigkeit von drei Jahren. Ein dreijähriger Zertifizierungszyklus umfasst neben dem Erstaudit jeweils ein Überwachungsaudit im ersten und zweiten Jahr sowie ein Re-Zertifizierungsaudit vor Ablauf der Zertifizierung.[8] Die Überwachungsaudits müssen als Vor-Ort-Audits durchgeführt werden. Der Zweck der Überwachungsaudits ist, zu prüfen, ob die Wirksamkeit des QM-Systems über die Dauer der Gültigkeit des Zertifikats aufrechterhalten und weiterentwickelt wird.[9]

Für Organisationen, die ihr bereits nach DIN EN ISO 9001:2008 zertifiziertes QM-System umstellen möchten, gelten besondere Regelungen, die im folgenden Abschnitt dargestellt sind.

5.5.3 Übergangsregelungen zur Zertifizierung nach DIN EN ISO 9001:2015

Normanwender, die nach DIN EN ISO 9001:2008 zertifiziert sind, müssen ihre QM-Systeme bis September 2018 auf die neue Norm umstellen.[10] Zertifizierungen nach DIN EN ISO 9001:2008 sind weiterhin möglich, die Zertifikate gelten allerdings nur noch bis zum 14.09.2018.

---

[7] Vgl. DIN EN ISO/IEC 17021:2011-07 – Konformitätsbewertung – Anforderungen an Stellen, die Managementsysteme auditieren und zertifizieren (ISO/IEC 17021:2011), S. 47 f.

[8] Vgl. DIN EN ISO/IEC 17021:2011-07 – Konformitätsbewertung – Anforderungen an Stellen, die Managementsysteme auditieren und zertifizieren (ISO/IEC 17021:2011), S. 34.

[9] Vgl. DIN EN ISO/IEC 17021:2011-07 – Konformitätsbewertung – Anforderungen an Stellen, die Managementsysteme auditieren und zertifizieren (ISO/IEC 17021:2011), S. 53.

[10] Vgl. http://www.iaf.nu/upFiles/IAFID9Transition9001PublicationVersion.pdf (Stand 26.02.2015), S. 6.

Zertifizierte Organisationen sollten frühzeitig mit der Umstellung auf die DIN EN ISO 9001:2015 beginnen, um die Zeit für eine sorgfältige Überarbeitung ihres QM-Systems zu nutzen. Ein Umsetzungsplan könnte wie folgt aussehen:[11]

1. Information der obersten Leitung

Die oberste Leitung der Organisation wird am besten mittels eines Workshops über die neuen Anforderungen der DIN EN ISO 9001:2015 informiert. Wichtige neue Themen, mit denen sich die Führungskräfte befassen müssen, sind vor allem der Kontext der Organisation, die Erfordernisse und Erwartungen der interessierten Parteien sowie der risikobasierte Ansatz. Die strategische Ausrichtung der Organisation muss überprüft und gegebenenfalls aktualisiert werden. Das Gleiche gilt auch für die Qualitätspolitik und -ziele.

2. Ermitteln des Handlungsbedarfs

Der Handlungsbedarf zur Überarbeitung des QM-Systems muss durch eine Prüfung der bestehenden QM-Dokumentation anhand der Anforderungen der DIN EN ISO 9001:2015 ermittelt werden. Die ISO-Korrelationsmatrix zwischen DIN EN ISO 9001:2008 und DIN EN ISO 9001:2015 ist ein Hilfsmittel, das die Zuordnung zu den Anforderungen erleichtert.[12]

Weiterer Handlungsbedarf besteht, wenn betriebliche Veränderungen noch nicht oder nicht ausreichend in das QM-System integriert wurden.

3. Umsetzungsmaßnahmen planen

Die Maßnahmen zur Anpassung des QM-Systems an die neuen Normanforderungen müssen sorgfältig geplant werden. Falls der Handlungsbedarf insgesamt groß ist, kann die Normrevision ein guter Anlass für eine grundlegende Überarbeitung des gesamten QM-Systems und der QM-Dokumentation sein.

---

[11] Vgl. http://www.iso.org/iso/iso_9001_-_moving_from_2008_to_2015.pdf (Stand 10.09.2015), S. 6.
[12] Vgl. http://www.iso.org/iso/iso_9001_-_moving_from_2008_to_2015.pdf (Stand 10.09.2015).

Jeder Anwender kann die QM-Dokumentation individuell an die Bedürfnisse seiner Organisation anpassen. Die DIN EN ISO 9001:2015 enthält keine Vorgaben für die Gliederung von QM-Dokumentationen oder für die Verwendung der Normbegriffe.

4. Überarbeiten des QM-Systems

Änderungen und Ergänzungen des QM-Systems sollten sukzessiv umgesetzt werden. Wenn neue Prozesse eingeführt oder wesentliche Prozesse verändert werden, müssen im Vorfeld alle notwendigen organisatorischen Veränderungen vorgenommen werden. Die Mitarbeiter sind rechtzeitig zu informieren und in der Anwendung der neuen QM-Verfahren zu schulen. Die Einführung kann durch Implementierungsaudits begleitet werden, die darauf gerichtet sind, Mitarbeiter bei der Anwendung neuer QM-Verfahren zu unterstützen und Hindernisse zu beseitigen.

5. Wirksame Anwendung der DIN EN ISO 9001:2015 prüfen

Die normkonforme Anwendung der DIN EN ISO 9001:2015 muss nach der Umsetzung aller notwendigen Maßnahmen durch ein internes Systemaudit überprüft werden. Während der Auditvorbereitung sollte auch die Konformität der QM-Dokumente mit den Normanforderungen überprüft werden. Neben der Überprüfung der wirksamen Anwendung der Normanforderungen sollte das Audit vor allem dazu genutzt werden, Ansatzpunkte für weitere Verbesserungen zu identifizieren. Nach dem internen Systemaudit sollte die oberste Leitung eine Bewertung des QM-Systems vornehmen.

6. Information der Zertifizierungsstelle

Die Organisation sollte die Zertifizierungsstelle rechtzeitig über die Umstellung ihres QM-Systems informieren. Die erste Zertifizierung nach der DIN EN ISO 9001:2015 kann auch während des Zertifizierungszyklus als Überwachungsaudit durchgeführt werden. Die DAkkS hat für den Mehraufwand zur Umstellung des Zertifizierungsverfahrens Festlegungen getroffen. Die Auditzeiten vor Ort erhöhen sich bei einer Umstel-

5.5 Zertifizierung nach DIN EN ISO 9001
5 Auditierung und Zertifizierung

lung als Re-Zertifizierung um 10 %, mindestens aber um 0,25 Audittage. Für ein Überwachungsaudit müssen 20 % mehr Auditzeit, mindestens 0,5 Audittage eingeplant werden.[13]

---

[13] Vgl. DAkkS 2015b; IAF - Verbindliches Dokument Ermittlung von Auditzeiten für die Auditierung von Qualitätsmanagement- (QMS) und Umweltmanagementsystemen (UMS), Revision 1.1, S. 6.

5.5 Zertifizierung nach DIN EN ISO 9001
5 Auditierung und Zertifizierung

Glossar

A

Akkreditierung Anerkennung; Zertifizierungsstellen können sich von der Deutschen Akkreditierungsstelle (DAkkS) anerkennen lassen. Die Akkreditierung soll die Gleichwertigkeit und internationale Vergleichbarkeit der Zertifikate verschiedener Zertifizierungsstellen gewährleisten.

AKV Aufgabe, Kompetenzen, Verantwortung.

Anforderung Auch als Erfordernis oder Erwartung bezeichnet. Sie wird festgelegt und stellt normalerweise auch eine Voraussetzung oder Verpflichtung dar.

Audit Systematische Untersuchung eines Managementsystems, um dessen wirksame Anwendung zu überprüfen.

Auditkriterien Anforderungen, deren Erfüllung im Rahmen des Audits untersucht wird. Die Auditkriterien sind in Referenzdokumenten (z. B. der Normen, gesetzlichen Vorschriften und in der QM-Dokumentation) festgelegt.

Auditleitfaden Sammlung von Auditfragen, die dem Auditor ein systematisches Vorgehen bei der Durchführung des Audits ermöglichen soll.

Auditnachweise Dokumentierte Informationen, Auskünfte, Beobachtungen und andere verifizierbare Sachverhalte, die erhoben werden, um zu prüfen, ob Auditkriterien erfüllt sind.

Auditor Gutachter, der die wirksame Anwendung eines Managementsystems untersucht.

Glossar
Praxishandbuch Qualitätsmanagement

Auditplan	Instrument zur Planung eines Audits. Der Auditplan dient der Koordination des zeitlichen Ablaufs, der Auditthemen und der am Audit beteiligten Stellen.
Auditprogramm	Ein oder mehrere Audits, die für einen festgelegten Zeitraum und eine festgelegte Zielsetzung geplant sind.
Auditrisiko	Ereignisse, die sich auf die Umsetzung eines Auditprogramms oder Audits auswirken können.
Auditteamleiter	Lead-Auditor; ist für die Koordination der Tätigkeiten im Rahmen der Auditierung verantwortlich. Der Auditteamleiter kommuniziert mit der zu auditierenden Organisation und ist für die ordnungsgemäße Durchführung der Auditierung verantwortlich.
Auswahlkriterien	Festgelegte Kriterien, mit der eine Organisation z. B. zwischen verschiedenen externen Lieferanten wählen kann. Mögliche Kriterien können hier sein: Bewertung der Leistung, Distanz zwischen Organisation und externen Lieferanten (Anfahrtswege), Zertifikate, marktspezifisches Ansehen, Preise etc.

B

Befragung	Wichtigste Methode zur Erhebung von Auditnachweisen. Organisationsmitglieder werden befragt, um zu überprüfen, ob ihnen die QM-Verfahren bekannt sind und von ihnen angewendet werden.
Bereitschaftsanalyse	Erste Phase des Zertifizierungsverfahrens; In dieser Phase werden die dokumentierten Informationen zum QM-System und die Bereitschaft zur Zertifizierung geprüft.

Beurteilungs-kriterien	Kriterien, die einer Organisation ermöglichen, z. B. externe Lieferanten nach den Werten und Maßstäben der Organisation zu bewerten. Hierbei können z. B. unterschiedliche Gewichtung für Preis, Qualität, Pünktlichkeit, Sorgfalt, Erfahrung und dergleichen vergeben werden.
Beziehungs-management	Aufeinander abgestimmte Maßnahmen zur Anbahnung, Ausbau und Pflege von Lieferantenbeziehungen, Kundenbeziehungen sowie Beziehungen zu anderen Geschäftspartnern (Wettbewerbern etc.). Dabei steht allerdings primär die Kundenbeziehung im Mittelpunkt.

C

Chance	Günstige Gelegenheit. Möglichkeit, etwas Bestimmtes zu erreichen. Aussicht auf Erfolg.

D

DAkkS	Deutsche Akkreditierungsstelle; Zertifizierungsstellen können sich durch die DAkkS anerkennen lassen, um damit die Vergleichbarkeit ihrer Zertifikate zu gewährleisten.
Dienstleistung	Eine Dienstleistung stellt immer ein Ergebnis dar. Sie beinhaltet immer mindestens eine Tätigkeit, die notwendigerweise zwischen der Organisation und dem Kunden ausgeführt wird.
DIN EN ISO	**DIN:** Deutsches Institut für Normung e. V.; Herausgeber deutscher Normen. **EN:** Europäische Norm; Herausgeber europäischer Normen ist das Europäische Komitee für Normung. **ISO:** International Organization for Standardization; Herausgeber internationaler Normen.

Dokumentenprüfung	Auditmethode; Untersuchung der QM-Dokumentation im Rahmen des Audits. Während der Auditvorbereitung erfolgt eine systematische Prüfung der QM-Dokumentation. Beim Audit vor Ort nimmt der Auditor Einsicht in einzelne dokumentierte Informationen.
Dokumentierte Informationen	Informationen und deren Trägermedien; Die DIN EN ISO unterscheidet zwischen zwei Arten dokumentierter Informationen. Zum einen dokumentierte Informationen, die aufrechterhalten werden müssen (bisher „dokumentierte Verfahren") und zum anderen dokumentierte Informationen, die aufbewahrt werden müssen (bisher „Aufzeichnungen").

E

EN	Siehe DIN EN ISO.
Extern bereitgestellte Produkte und Dienstleistungen	Produkte und Dienstleistungen, die von der Organisation gekauft oder von einem Beteiligungsunternehmen bezogen werden.
Externe Anbieter	Lieferanten von Produkten und Dienstleistungen, die sich außerhalb der Organisation befinden.
Externes Audit	Von Stellen außerhalb der Organisation veranlasste Audits. Es können „Zweitparteien-Audits" („Second Party Audits") und „Drittparteien-Audits" („Third Party Audits") unterschieden werden. Zweitparteien-Audits werden bei Lieferanten durchgeführt, um z. B. die Einhaltung von Qualitätsvereinbarungen zu überprüfen. Drittparteien-Audits sind Konformitätsprüfungen, die von Aufsichtsbehörden oder Zertifizierungsstellen durchgeführt werden.

F

Führung — Personen oder eine Personengruppe die Befehls- oder Entscheidungsgewalt haben, leiten Gruppen oder Organisationen.

G

Ganzheitlichkeit — zu übersetzen mit heil, unverletzt, vollständig [Kluge, Etymologisches Wörterbuch, de Gruyter, Berlin 1999, S. 298] und bedeutet in diesem Kontext eine Betrachtung des QMS mit allen Gesichtspunkten, von allen Perspektiven, sodass alle Eigenschaften und Beziehungen des Systems erkannt und beachtet werden können.

Gemeinschaftliches Audit — Gemeinsames Audit von zwei oder mehreren unterschiedlichen Organisationen in einer anderen Organisation (z. B. mehrere Kunden auditieren gemeinsam einen Zulieferer).

H

Hauptabweichung — Eine oder mehrere Normanforderungen sind nicht erfüllt oder es bestehen Zweifel an der Wirksamkeit des QM-Systems. Im Zertifizierungsverfahren müssen Hauptabweichungen von der auditierten Organisation einer Ursachenanalyse unterzogen und anschließend durch Korrekturmaßnahmen beseitigt werden, bevor das Zertifikat erteilt werden kann.

High Level Structure (HLS) — Einheitliche Grundstruktur der ISO-Managementsystemnormen. Die High Level Structure enthält auch Basisdefinitionen und Basistexte, die in den Managementsystemnormen einheitlich verwendet werden. Die HLS soll die Kompatibilität der Managementsystemnormen untereinander gewährleisten.

Glossar
Praxishandbuch Qualitätsmanagement

I

Integriertes Managementsystem — Managementsystem, das gleichzeitig die Anforderungen mehrerer Referenzmodelle wie z. B. Anforderungen an Qualitäts-, Umweltschutz- und Risikomanagementsystem erfüllt.

Interessierte Partei — Stakeholder; Anspruchsgruppen; Personen oder Personengruppen, die ein positiv oder negativ gelagertes Interesse an den Aktivitäten der Organisation haben und Einfluss nehmen oder nehmen könnten. Welche interessierten Parteien für die jeweilige Organisation relevant sind, hängt von ihrer strategischen Ausrichtung und von ihrem Kontext ab.

Internes Audit — Eigenes Audit; Dient dem Zweck, die Wirksamkeit des Managementsystems zu überwachen und Verbesserungspotenziale aufzuzeigen.

ISO — Siehe DIN EN ISO.

J

Just-in-Sequenz — Anlieferung von Bauteilen in einem Montageprozess genau zum Zeitpunkt der Montage an dem erforderlichen Bandabschnitt.

K

Kombiniertes Audit — Gleichzeitige Auditierung von zwei oder mehreren Managementsystemen (z. B. Qualitäts- und Umweltmanagementsysteme) durch ein Auditteam.

Kompetenz — Kompetenz bedeutet so viel wie seine Fähigkeiten, sein Wissen und seine Fertigkeiten so anzuwenden, dass beabsichtigte Ergebnisse erzielt werden.

Konformität — Erfüllung einer Anforderung

Konformitätsbewertungsstellen	Zertifizierungsstellen, die Auditierungen durchführen und die Konformität eines Managementsystems oder eines Produktes durch ein Zertifikat bestätigen.
Kontext der Organisation	Externe und interne Faktoren, die den Erfolg der Organisation beeinflussen und bei der Planung berücksichtigt werden müssen. Zu den externen Faktoren gehören z. B. Gesetzgebung, Konkurrenzsituation, Fachkräftemangel auf dem Arbeitsmarkt und konjunkturelle Entwicklung. Interne Faktoren sind z. B. die Altersstruktur der Belegschaft, vorhandenes Know-how, Produktionskapazitäten und finanzielle Mittel.
Korrektur	Maßnahme zur Beseitigung eines Fehlers
Korrekturmaßnahme	Maßnahmen, die darauf gerichtet sind, die Ursachen eines Fehlers zu beseitigen oder deren Einfluss zu vermindern, um das erneute Auftreten des Fehlers zu verhindern.
Kunde	Ein Kunde kann Person sein aber auch eine Organisation. Diese Person oder diese Organisation empfängt ein Produkt oder eine Dienstleistung oder könnte eines/eine empfangen, welches oder welche für diesen Kunden vorgesehen ist oder von ihm gefordert wird. Organisationsinterne Empfänger von Produkten oder Dienstleistungen können als interne Kunden bezeichnet werden.
Kundenorientierung	Eine ständige Erfassung und Analyse der Wünsche, Bedürfnisse und Erwartungen der Kunden. Daraus resultiert die Umsetzung in Produkte, Dienstleistungen und interaktive Prozesse.

M

Managementbewertung
Bewertung der Wirksamkeit des Managementsystems durch die oberste Leitung. In der DIN EN ISO 9001:2015 sind keine konkreten Vorgaben für die Häufigkeit der Managementbewertung enthalten. Die Zertifizierungsstellen erwarten allerdings, dass jährlich Managementbewertungen durchgeführt werden.

Managementsystem
Ein Managementsystem besteht aus zusammenhängenden oder sich gegenseitig beeinflussenden Elementen in einer Organisation. Mithilfe dieser Elemente werden Politiken, Ziele und Prozesse festgelegt um die angestrebten Ziele zu erreichen.

Mangel
Ein Mangel entsteht dann, wenn eine Nichtkonformität bezüglich eines beabsichtigten oder festgelegten Gebrauchs festgestellt wird.

Menschlicher Faktor
Der Einfluss der beteiligten Menschen auf einen Prozess.

N

Nachaudit
Folgeaudit; Audit zur Überprüfung der Wirksamkeit von Korrekturmaßnahmen zu Nichtkonformitäten (Hauptabweichungen oder Nebenabweichungen), die im Rahmen von Zertifizierungs-, Überwachungs- oder Re-Zertifizierungsaudits festgestellt wurden. Nachaudits werden durchgeführt, wenn die Wirksamkeit der Korrekturmaßnahmen vor Ort geprüft werden muss.

Nebenabweichung
Ein oder mehrere Teile einer Normanforderung sind nicht umgesetzt und es bestehen keine Zweifel an der Wirksamkeit des QM-Systems. Im Zertifizierungsverfahren muss die Organisation eine Ursachenanalyse durchführen und Korrekturen bzw. Korrekturmaßnahmen zur Beseitigung der Nichtkonformitäten planen und terminieren, bevor das Zertifikat erteilt werden kann.

Nichtkonformität	Fehler; nichterfüllte Anforderung

O

Oberste Leitung	Höchste Führungsebene einer Organisation oder einer Organisationseinheit, die ein Managementsystem anwendet. Diese Rolle kann nur eine Person oder Personengruppe übernehmen, die über alle erforderlichen Ressourcen zur Verwirklichung des Managementsystems verfügt.

P

PDCA-Zyklus	Grundkonzept des Qualitätsmanagements. Die Buchstaben PDCA stehen für die vier Schritte des Zyklus: P = Plan, D = Do, C = Check und A = Act. In der DIN EN ISO 9001:2015 auch als „Planen-Durchführen-Prüfen-Handeln"-Zyklus bezeichnet. Der PDCA-Zyklus kann als Methode zur Prozesssteuerung sowie zur Aufrechterhaltung und Weiterentwicklung des QM-Systems genutzt werden.
Personen, die unter Aufsicht der Organisation Tätigkeiten verrichten	Zu diesen Personen zählen Mitarbeiter, Zeitarbeitskräfte, Ehrenamtliche, festangestellte Mitarbeiter, Leiharbeitnehmer, Honorarkräfte, ehrenamtlich Tätige und Mitarbeiter externer Anbieter. Diese Personen müssen über die benötigten Kompetenzen verfügen, die Qualitätspolitik und -ziele kennen, wenn sie qualitätsrelevante Tätigkeiten ausführen.
Produkt	Ein Produkt ist immer ein Ergebnis einer Organisation. Es kann stets ohne jegliche Transaktion zwischen der Organisation und dem Kunden erzeugt werden.
Produktaudit	Audit um festzustellen, ob die Anforderungen an ein Produkt erfüllt sind.

Glossar

Praxishandbuch Qualitätsmanagement

Prozess	Ein Prozess besteht aus zusammenhängenden oder sich gegenseitig beeinflussenden Tätigkeiten. Die Eingaben dieser Tätigkeiten werden zum Erzielen eines vorgesehenen Ergebnisses verwendet.
Prozessaudit	Umfassende, systematische Untersuchung eines Prozesses, um festzustellen, ob die einzelnen Tätigkeiten so miteinander verknüpft sind, dass die geplanten Ergebnisse erreicht und die Anforderungen der Kunden sowie anderer relevanter interessierter Parteien erfüllt werden.
Prozesseigner	Verantwortlicher für einen Prozess oder einen Teilprozess. Er erhält im Rahmen seines Prozesses die Verantwortung bzw. Befugnisse von der Leitung für den Prozess. Meist wird derjenige, der das meiste Interesse am Prozess hat oder die meisten Mitarbeiter in dem jeweiligen Prozess hat, zum Prozesseigner gemacht.
Prozessumgebung	Arbeitsumgebung; Physikalische, soziale, psychologische und Umweltbedingungen, unter denen Prozesse erbracht werden.

Q

Qualität	Die Qualität beschreibt den Grad, in dem die immanenten Merkmale eines Objekts die Anforderungen erfüllen.
Qualitätsbeauftragter (QB)	Synonym für Qualitätsmanagementbeauftragter, siehe dort.
Qualitätsmanagementbeauftragter (QMB)	Mitarbeiter, der operative Aufgaben des Qualitätsmanagements wahrnimmt. Die Bezeichnung Qualitätsmanagementbeauftragter wurde bisher oft synonym für den „Beauftragten der obersten Leitung" gebraucht. Die Erennung eines „Beauftragten der obersten Leitung" war von der nicht mehr gültigen DIN EN ISO 9001:2008 gefordert. Die aktuelle DIN EN ISO 9001:2015 enthält diese Anforderung nicht mehr.

Glossar

Praxishandbuch Qualitätsmanagement

Qualitätsmanagementdokumentation	Die für das QM-System dokumentierten Informationen.
Qualitätsmanagementsystem (QM-System, QMS)	Ein Qualitätsmanagementsystems stellt einen Teil eines Managementsystems dar, welches Bezug auf die Qualität nimmt und dort seinen Fokus hat.
Qualitätspolitik	Grundsätzliche Aussagen zur Qualitätsorientierung einer Organisation, die als übergeordnete Zielsetzungen für das QM-System dienen. Die Qualitätspolitik soll einen passenden Rahmen für die Qualitätsziele bieten. Mitarbeitern und relevanten interessierten Parteien soll die Qualitätspolitik gleichermaßen Orientierung bieten.

R

Rechenschaftspflicht der obersten Leitung	Die oberste Leitung der Organisation muss darlegen, in welcher Weise die Anforderungen an das QM-System umgesetzt und in welchem Umfang die Qualitätsziele umgesetzt wurden. Die oberste Leitung muss zu jeder Zeit für das QM-System und dessen Wirksamkeit einstehen.
Reklamation	Unzufriedenheit, die ein Kunde gegenüber einer Organisation zum Ausdruck bringt. Im deutschen Sprachraum werden Beschwerden und Reklamationen meistens unterschieden. Eine Beschwerde ist die Äußerung einer subjektiven Unzufriedenheit eines Kunden gegenüber einer Organisation, ohne einen objektiv feststellbaren Fehler. Eine Reklamation ist eine Kundenrückmeldung, die auf eine nichterfüllte Anforderung, also einen Mangel hinweist.
Risiko	Ungeplantes Ereignis mit negativen oder positiven Auswirkungen auf erwünschte Ergebnisse.

Risikobasiertes Denken	Bei der Planung und Durchführung von Aktivitäten und Prozessen sollen unerwünschte Ereignisse antizipiert werden, um geeignete Maßnahmen zur Vorbeugung zu ergreifen.

S

SIPOC	S – Supplier (Lieferant), I – Inputs (Einsatzfaktoren), P – Process (Prozess), O – Output (Ergebnisse), C – Customer (Kunde), ein Verfahren oder Werkzeug, dass bei Six-Sigma-Betrachtungen eingesetzt wird.
SMART	spezifisch, messbar, akzeptiert, realistisch, terminiert; Eigenschaften, die jedes Ziel zur genauen Definition besitzen sollte.
Systemaudit	Vollumfängliche Untersuchung, die sich auf den gesamten Anwendungsbereich und alle Anforderungen des Managementsystems bezieht. Das Ziel des Systemaudits ist die wirksame Anwendung des Managementsystems zu überprüfen.

Ü

Überwachungsaudit	Jährliches Audit der Zertifizierungsstelle zur Überwachung der Wirksamkeit des QM-Systems im Rahmen eines Zertifizierungszyklus.

V

Validierung	Überprüfung mit dem Ziel festzustellen, ob ein Produkt oder eine Dienstleistung zur Verwendung für einen bestimmten Zweck geeignet sind.
Verbesserung	Etwas ändern, durch das eine Verbesserung eintritt.
Verfahrensaudit	Systematische Untersuchung einer einfachen Folge von Tätigkeiten, um festzustellen, ob die Vorgaben mit den vorgesehenen Ressourcen umgesetzt werden, um die festgelegten Anforderungen zu erfüllen.

Glossar
Praxishandbuch Qualitätsmanagement

Verifizierung	Überprüfung mit dem Ziel festzustellen, ob die Anforderungen an ein Produkt oder eine Dienstleistung erfüllt sind.
Vorbeugungsmaßnahme	Maßnahme, die darauf gerichtet ist, die Ursachen von potenziellen Fehlern zu beseitigen oder deren Einfluss zu vermindern, um das Auftreten von Fehlern zu verhindern.

Z

Zertifikat	Dokument als Bestätigung eines bestimmten Sachverhalts durch eine Zertifizierungsstelle.
Zertifizierung	Bestätigung; mit der Vergabe eines Zertifikats bestätigt die Zertifizierungsstelle, dass Anforderungen (z. B. der DIN EN ISO 9001:2015) erfüllt sind.
Zertifizierungszyklus	Zyklus, bestehend aus einem Zertifizierungsaudit, dem ersten und zweiten Überwachungsaudit und dem Re-Zertifizierungsaudit im Zeitraum der dreijährigen Gültigkeit des Zertifikats.

Glossar
Praxishandbuch Qualitätsmanagement

Anhang

Anhang
Praxishandbuch Qualitätsmanagement

	Qualitätsmanagementsystem MUSTER – Auditprogramm 2016	QM

1 Auditziele
- Feststellung der Konformität des QM-Systems mit den Anforderungen der DIN EN ISO 9001:2015
- Feststellung des Erfüllungsgrades der Anforderungen der internen Standards

2 Auditschwerpunkte
- Kontext der Organisation
- Erwartungen und Erfordernisse der relevanten interessierten Parteien
- Risikobasiertes Denken

3 Referenzdokumente
- DIN EN ISO 9001:2015
- QM-Dokumentation (Stand 02/2016)
- Compliance-Standards

4 Termine und Dauer der Audits

Die Audittermine können der Übersicht auf Seite 2 entnommen werden. Die Auditdauern betragen je nach Thema zwischen vier und sechs Stunden. Die konkrete Dauer wird im Auditplan ausgewiesen.

Die Geschäftsleitung der FORUM VERLAG HERKERT GMBH hat am 30.11.2015 das Auditprogramm freigegeben.

Musterstadt, 30.11.2015

H. Mayer

Dateiname:	Datum:	Ersteller:	Version:	Freigabe:	Seite
MU-Auditprogramm.docx	30.11.2015	PM	1.0	HM	1 von 2

Anhang
Praxishandbuch Qualitätsmanagement

Qualitätsmanagementsystem
MUSTER – Auditprogramm 2016

Einrichtungen / Bereiche	Jan	Feb	Mrz	Apr	Mai	Jun	Jul	Aug	Sep	Okt	Nov	Dez
Geschäftsführung			15./PM								5./PP	
Leitung Produktmanagement			15./PM								5./PP	
Qualitätsmanagement											5./PP	
Bereichsleitung			15./PM						12./JK			
Personalabteilung						16./GS						
Abteilung 1			15./PM			16./GS						
Abteilung 2									12./JK			
Abteilung 3									12./JK			
Abteilung 4									12./JK			
Hausverwaltung						16./GS			12./JK			
Empfang									12./JK			
Hausreinigung						16./GS						

Tag: Auditdurchführung / Namenskürzel: Auditleiter/-in

Auditoren/innen
PM = Peter Müller JK = Jana Klein
PP = Petra Mustermann GS = Gabriele Sonnenschein

Dateiname:	Datum:	Ersteller:	Version:	Freigabe:	Seite
MU-Auditprogramm.docx	30.11.2015	PM	1.0	HM	2 von 2

243

Anhang
Praxishandbuch Qualitätsmanagement

	Qualitätsmanagementsystem MUSTER – Abweichungsbericht	QM

Abweichungsbericht Nr. 1	☐ Dringender Handlungsbedarf
zum Audit vom: 15.03.2016	☒ Handlungsbedarf
Organisation / Bereich: Forum Verlag Herkert GmbH Mandichostraße 18 86504 Merching	Bereichsleiter/-in: Lisa Müller
Auditleiter/-in: Max Mustermann	Co-Auditor/-in: Maria Mustermann

Normabschnitt(e): 8.5.1

Auditfeststellung:

Objektive Auditnachweise:
Protokolle der Zielgespräche Mitarbeiter E.K. vom 22.09.15 und 08.01.2016 Mitarbeiterin I.M. vom 15.10.2015 und 21.01.2016.

Von der Organisation auszufüllen:

Ursachenanalyse:
Es gibt bisher keine eindeutige Regelung zur Dokumentation der Evaluationsergebnisse von Zielgesprächen.

Korrekturmaßnahmen:

Lfd. Nr.	Maßnahmen:	Verantwortlich:	Mitwirkung:	Termin:
1	Ergänzen der VA Zielgespräche	Jana Klein	Monika Kaal	31.03.2016
2	Schulung der MA zur Anwendung des neuen Verfahrens.	Jana Klein	Monika Kaal	15.04.2016

Überprüfung der Wirksamkeit der Korrekturmaßnahmen spätestens am: 15.05.2016

Vom Auditorleiter / Von der Auditorleiterin auszufüllen:

☒ Ursachenanalyse und Korrekturmaßnahmen akzeptiert

☐ Nachaudit erforderlich

Überprüfung der umgesetzten Korrekturmaßnahmen:

Maßnahmen akzeptiert? ☐ Ja ☐ Nein

Auditnachweise:

Name: , Datum:

Dateiname:	Datum:	Ersteller:	Version:	Freigabe:	Seite
MU-Abweichungsbericht.docx	02.01.2016	RL	1.0	RL	1 von 1

Anhang
Praxishandbuch Qualitätsmanagement

	Qualitätsmanagementsystem MUSTER – Auditplan (Internes Audit)	QM

Internes Audit am: 15.03.2016	Organisation / Bereich: Forum Verlag Herkert GmbH Mandichostraße 18 86504 Merching	
Auditplan erstellt am: 20.02.2016		

Ziel des internen Audits:
Feststellung der Konformität des Qualitätsmanagementsystems mit den Anforderungen der DIN EN ISO 9001:2015

Leitender Auditor/-in: Herr Peter Müller	Co-Auditor/-in: Frau Petra Mustermann

Auditschwerpunkte:
Kontext der Organisation; Erwartungen und Erfordernisse interessierter Parteien; risikobasiertes Denken

Relevante Normen und Regelwerke:
DIN EN ISO 9001:2015, QM-Dokumentation (Stand 02/2016)

Durchführung des Audits:

Uhrzeit	Thema / Prozess	Teilnehmer	Norm-abschnitt
10:00 – 10:30	Einführungsgespräch	GF, LPM, BL, QMB	
10:30 – 11:00	Anwendungsbereich des QM-Systems / Prozesse des QM-Systems	GF, LPM, QMB	4.3, 4.4
11:00 – 11:30	Führung und Verpflichtung / Kundenorientierung / Qualitätspolitik	GF, LPM	5
11:30 – 12:15	strategische Ausrichtung des Unternehmens / Erwartungen und Erfordernisse der Stakeholder / operative Planung / Qualitätsziele	GF, LBM	4.1, 4.2, 6
12:15 –12:45	Mittagspause		
12:45 – 13:15	Einstellung neuer Mitarbeiter	MA-Perso., QMB	8.2
13:15 –13:45	Unternehmensleitbild	PDL, BL, QMB	5.1.2, 5.2, 8.1
13:45 – 14:15	Begehung Produktmanagement	BL, QMB	7.1.3, 7.1.4
14:15 – 15:30	Prozess: Konzepterstellung, Durchführung, Evaluation, Dokumentation	BL, QMB, PM, JPM	8.1, 8.2, 8.5.1, 8.5.2, 8.6, 8.71
15:30 –16:00	Abschlussgespräch	GF, LPM, QMB	

Legende:
GF = Geschäftsführung
LPM = Leitung Produktmanagement
QMB = Qualitätsmanagementbeauftragte/-r
BL = Bereichsleitung
PM = Produktmanager
J-PM = Junior-Produktmanager
MA-Pers. = Personalabteilung

Dateiname:	Datum:	Ersteller:	Version:	Freigabe:	Seite
MU-Auditplan.docx	15.12.2015	RL	2.0	RL	1 von 1

Anhang
Praxishandbuch Qualitätsmanagement

Literaturverzeichnis

Literaturverzeichnis
Praxishandbuch Qualitätsmanagement

Print

Brauweiler, J; Will, M.; Zenker-Hoffmann, A. (2015): Auditierung und Zertifizierung von Managementsystemen, 1. Auflage, Wiesbaden

Deutsche Akkreditierungsstelle (DAkkS; 2015b): IAF – Verbindliches Dokument Ermittlung von Auditzeiten für die Auditierung von Qualitätsmanagement- (QMS) und Umweltmanagementsystemen (UMS), Revision 1.1

Deutsches Institut für Normung e. V. (DIN; 2011a): DIN EN ISO 19011:2011-12 – Leitfaden zur Auditierung von Managementsystemen (ISO 19011:2011), Berlin

Deutsches Institut für Normung e. V. (DIN; 2011b): DIN EN ISO/IEC 17021:2011-07 – Konformitätsbewertung – Anforderungen an Stellen, die Managementsysteme auditieren und zertifizieren (ISO/IEC 17021:2011), Berlin

Deutsches Institut für Normung e. V. (DIN; 2009): DIN EN ISO 9004:2009-12 Leiten und Lenken für den nachhaltigen Erfolg einer Organisation – Ein Qualitätsmanagementansatz (ISO 9004:2009), Berlin

Deutsches Institut für Normung e. V. (DIN; 2015a): DIN EN ISO 9000:2015-11 – Qualitätsmanagementsysteme – Grundlagen und Begriffe (ISO 9000:2015), Berlin

Deutsches Institut für Normung e. V. (DIN; 2015b): DIN EN ISO 9001:2015-11 – Qualitätsmanagementsysteme – Anforderungen (ISO 9000:2015), Berlin

Deutsches Institut für Normung e. V. (DIN) DIN EN ISO 9001:2008-12) – Qualitätsmanagementsysteme – Anforderungen (ISO 9001:2008), Berlin

Graebig, Klaus (2016): Beuth Pocket. DIN EN ISO 9001:2015 – Vergleich mit DIN EN ISO 9001:2008, Änderungen und Auswirkungen, 5. Auflage, Berlin

Literaturverzeichnis
Praxishandbuch Qualitätsmanagement

Gietl, G.; Lobinger, W. (2012): Leitfaden für Qualitätsauditoren. Planung und Durchführung von Audits nach ISO 9001:2008, 4. Auflage, München.

Kamiske, Gerd F. (2012): Handbuch QM-Methoden. Die richtige Methode auswählen und erfolgreich umsetzen, München

Pfeifer, T.; Schmitt R. [Hrsg.] (2014): Masing Handbuch Qualitätsmanagement, 6. Auflage, München

Internet

Deutsche Akkreditierungsstelle (DAkkS; 2015a): Anleitung zum Übergang ISO 9001:2015 und ISO 14001:2015.
http://dakks.de/content/anleitung-zum-%C3 %BCbergang-iso-90012015-und-iso-140012015 [Stand 26.10.2015]

Duden: Selbstverständnis
http://www.duden.de/rechtschreibung/Selbstverstaendnis [Stand 03.02.2016]

Dr. Bashford, Steven (2015): Wissensarbeit im Arbeitsalltag- intuitiv und visuell mit MindManager, Teil 2 Die Vorteile von MindManager für die Wissensarbeit
https://www.mindjet.com/de/wp-content/uploads/sites/2/2015/07/Whitepaper_Wissensmanagement.pdf [Stand 04.01.2016]

Eppler, Martin (2001): Making Knowledge Visible through Intranet Knowledge Maps. Proceedings of the 34th Hawaii International Conference on System Sciences,
https://prezi.com/-k1_bml5k-64/making-knowledge-visible-through-intranet-knowledge-maps [Stand 26.03.2015]

International Accreditation Forum (IAF, 2015): Transition Planning Guidance for ISO 9001:2015.
http://www.iaf.nu/upFiles/IAFID9Transition9001PublicationVersion.pdf [Stand 26.02.2015]

Literaturverzeichnis

Praxishandbuch Qualitätsmanagement

International Organization for Standardization (ISO, 2015b): Moving from ISO 9001:2008 to ISO 9001:2015.
http://www.iso.org/iso/iso_9001_-_moving_from_2008_to_2015.pdf
[Stand 10.09.2015]

Trägergemeinschaft für Akkreditierung (TGA, 2007): Leitfaden zur Zertifizierung von QM-Fachpersonal.
http://www.dakks.de/sites/default/files/71%20SD%206%20011_Leitfaden%20QM-Fachpersonal%20Stand%202020.08.2007.pdf
[Stand 15.12.2015]

Vollmar, Gabriele (2015): Wissensarbeit im Arbeitsalltag – intuitiv und visuell mit MindManager, Teil 1 Wie Unternehmen die Ressource Wissen wertschöpfend nutzen und entwickeln.
https://www.mindjet.com/de/wp-content/uploads/sites/2/2015/07/Whitepaper_Wissensmanagement.pdf [Stand 04.01.2016]

Stichwortverzeichnis

A

Abschlussgespräch .... Seite 209, 221
Akkreditierung .... Seite 215
Analyse und Bewertung .... Seite 172, 174
Änderung/en
    Planung von .... Seite 133
    Überwachung von .... Seite 168
    von Anforderungen .... Seite 152
    von Entwicklungen .... Seite 158
Änderungsmanagements .... Seite 133
Anforderungen an Produkte und Dienstleistungen .... Seite 148
Annahmekriterien .... Seite 157
Anspruchsgruppen .... Seite 117
Anwendungsbereich .... Seite 119
Audit .... Seite 185
    extern .... Seite 186
    intern .... Seite 185
    kombiniertes .... Seite 186
    nachbereiten .... Seite 210
    Terminierung .... Seite 193
Auditfeststellung .... Seite 207
Auditleitfaden .... Seite 199
Auditmethoden .... Seite 200
Auditnachweis .... Seite 204
Auditor
    Anforderungen .... Seite 212
    Auswahl .... Seite 195
    Bewertung .... Seite 212
    intern .... Seite 185
    Kompetenz .... Seite 212
Auditplan .... Seite 197
Auditprogramm .... Seite 192
Auditprotokoll .... Seite 210
Auditprozess .... Seite 192
Auditschwerpunkte .... Seite 194

Stichwortverzeichnis
Praxishandbuch Qualitätsmanagement

Auditvorbereitung .... Seite 196
Auditziele .... Seite 194
Ausschluss .... Seite 15, 26
Auswahlkriterien .... Seite 160

B
Beauftragter der obersten Leitung .... Seite 15
Befragung .... Seite 200
Befugnisse .... Seite 127
Begehung .... Seite 200
Bestimmen der Anforderungen .... Seite 150
Betrieb .... Seite 146
Betriebliche Planung und Steuerung .... Seite 147
Beurteilungskriterien .... Seite 160
Bewusstsein .... Seite 88, 140
Beziehungsmanagement .... Seite 23, 76

C
Chance .... Seite 20, 41, 129

D
DAkkS .... Seite 215
Deming-Kreis .... Seite 50
Deutsche Akkreditierungsstelle, Die .... Seite 215
Dienstleistungen .... Seite 18
DIN EN ISO 17021:2011 .... Seite 190
DIN EN ISO 19011:2011 .... Seite 190
DIN EN ISO 9004:2009 .... Seite 189
Dokumentation .... Seite 107, 171
Dokumente und Aufzeichnungen .... Seite 37
Dokumentenlenkung .... Seite 144
Dokumentenprüfung .... Seite 200
Dokumentierte Information .... Seite 16, 37, 142
   aktualisieren .... Seite 143
   erstellen .... Seite 143
   Lenkung .... Seite 143
Drittparteien-Audit .... Seite 186

E

Eigentum der Kunden oder der externen Anbieter .... Seite 166
Einbeziehung von Personen .... Seite 23, 76
Einführungsgespräch .... Seite 204
Elemente eines Einzelprozesses .... Seite 23
Entwicklungseingaben .... Seite 154
Entwicklungsergebnisse .... Seite 157
Entwicklungsplanung .... Seite 153
Erhaltung .... Seite 167
extern bereitgestellte Dienstleistung .... Seite 16
extern bereitgestelltes Produkt .... Seite 16

F

Faktengestützte Entscheidungsfindung .... Seite 23, 76
Fehler .... Seite 17
Förderung von Führungskräften .... Seite 45
Fortlaufende Verbesserung .... Seite 20
Führung .... Seite 23, 76, 123

G

ganzheitlicher Ansatz .... Seite 25
Gesamtverantwortung für das Qualitätsmanagementsystem ... Seite 44
Geschäftsprozesse .... Seite 45
Gesprächsführung .... Seite 203
Gestaltungsfreiheit .... Seite 22
Grundsätze des Qualitätsmanagements .... Seite 22, 76

H

High Level Structure (HLS) .... Seite 11, 47

I

Information .... Seite 40
Information für externe Anbieter .... Seite 162
Infrastruktur .... Seite 135
Interessierte Parteien .... Seite 26, 87, 117
Internes Audit .... Seite 189
Intervention .... Seite 202

K

Kennzeichnung .... Seite 165
Kommunikation .... Seite 88, 141
   mit dem Kunden .... Seite 148
Kompetenz .... Seite 88, 140
Konformitätsbewertungsstellen (KBS) .... Seite 215
Kontext der Organisation .... Seite 25, 113
Kunde, potenzieller .... Seite 17
Kundenorientierung .... Seite 23, 76, 103
Kundenzufriedenheit .... Seite 173

L

Lenkung
   dokumentierter Informationen .... Seite 40, 143
   von Überwachungs- und Messmitteln .... Seite 21
Lieferant, externer .... Seite 18

M

Maßnahme
   Chance .... Seite 129
   Risiko .... Seite 129
Messmittel .... Seite 137

N

nicht zutreffend .... Seite 15, 26
Nichtkonformität .... Seite 17

O

Organisationsführung .... Seite 123

P

PDCA-Zyklus .... Seite 23, 31, 50
Personelle Ressource .... Seite 18
Personen .... Seite 88, 135
Politik .... Seite 125
Produktaudit .... Seite 187
Produkte .... Seite 18
Produktstatus .... Seite 20
Prozessaudit .... Seite 187

Prozesse im QM .... Seite 120
Prozessführung .... Seite 128
prozessorientierter Ansatz .... Seite 14, 23, 28
Prozessorientierung .... Seite 28, 45, 89
Prozessumgebung .... Seite 14, 136
   physikalische .... Seite 136
   psychologische .... Seite 136
   soziale .... Seite 136
Prozessunterstützung .... Seite 134
Prozessverantwortlicher .... Seite 28

Q
QM-Dokumentation .... Seite 196
Qualität .... Seite 86
Qualitätsbewusstsein .... Seite 45
Qualitätsmanagementbeauftragter .... Seite 16
Qualitätsmanagementhandbuch .... Seite 38
Qualitätsmanagementsystem .... Seite 87
Qualitätspolitik und Qualitätsziele .... Seite 39
Qualitätsziele .... Seite 131

R
Rechenschaft .... Seite 123
Rechenschaftspflicht .... Seite 21, 45
Referenzdokumente .... Seite 195
Ressourcen .... Seite 134
   zur Messung .... Seite 136
   zur Überwachung .... Seite 136
Risiken .... Seite 20, 41, 129
Risikobasiertes Denken .... Seite 45, 94
Rollen .... Seite 127
Rückführbarkeit, messtechnische .... Seite 137
Rückverfolgbarkeit .... Seite 165
Rückwärtsbetrachtung .... Seite 28

S
Second Party Audit .... Seite 186
Selbstverständnis .... Seite 33
SIPOC-Vorgehensweise .... Seite 30

Stakeholder .... Seite 117
Status der Ergebnisse .... Seite 20
Steuerung .... Seite 170
    Art und Umfang .... Seite 161
    der Produktion und Dienstleistungserbringung .... Seite 164
    extern bereitgestellte Produkten und Dienstleistungen ..... Seite 159
    extern bereitgestellte Prozesse .... Seite 31
    und betriebliche Planung .... Seite 147
Steuerungsmaßnahmen .... Seite 159
Stichprobennahme .... Seite 201
    entscheidungsbasiert .... Seite 201
    statistisch .... Seite 201
Systemaudit .... Seite 188

T
Tätigkeiten nach der Lieferung .... Seite 168
Third Party Audit .... Seite 186

U
Überprüfung der Anforderungen .... Seite 150
Unterstützung .... Seite 88, 134

V
Verantwortlichkeit/en .... Seite 127
Verantwortung der Leitung .... Seite 44
Verbesserung .... Seite 23
    fortlaufend .... Seite 179
Verfahrensaudit .... Seite 187
Vorbeugung .... Seite 42
Vorbeugungsmaßnahmen .... Seite 33

W
Wissen der Organisation .... Seite 24, 56, 96, 139
Wissensmanagement .... Seite 35, 96

Z
Zertifizierung .... Seite 215
Zertifizierungsstellen .... Seite 215
Zertifizierungsverfahren .... Seite 217

Stichwortverzeichnis
Praxishandbuch Qualitätsmanagement

Zugriff auf dokumentierte Informationen .... Seite 39
Zweitparteien-Audit .... Seite 186

Stichwortverzeichnis
Praxishandbuch Qualitätsmanagement